가르친 적 없다고 하시겠지만

가르친 적 없다고 하시겠지만

아동인권
퍼실리테이션

김인숙 · 김상원 · 안은비

국민북스

"가르친 적 없다고 하시겠지만"

아동인권옹호 기관을 함께 세우고 조직의 초대 사무국장으로 아동인권교육훈련을 공동 퍼실리테이션(Co-Facilitation)하던 친구가 "마무리 못한 공부를 마저 해야겠다"며 사무국장 9년 차에 조직을 떠났다. 많이 야속하고 서운했다. 그는 조직을 떠난 지 1년 만에 박사학위 논문을 보내왔다. 논문 앞장에는 '가르친 적 없다고 하시겠지만'으로 시작되는 짧은 감사의 글이 담겨있었다. 이 짧은 한마디가 우리가 함께했던 아동인권 퍼실리테이션의 핵심을 말해주고 있기에 이 책의 제목으로 삼았다.

퍼실리테이션 교수법의 유익함을 처음 알게 된 것은 1978년 말이다. 해외 구호·개발단체 한국지부에서 일하면서 퍼실리테이션 기법을 접했다. 한국전쟁이 끝난 1950년대 초반에 한국에 들어와 피난민, 미망인, 고아들을 보호하고 그들의 삶을 지원하는 사업에 얼마간 집중하던 해외 구호·개발 전문가들은 한국민의 자조(自助) 능력을 빠르게 인지했다. 그래서 활동 방향을 아동을 돕고 후원하는 일과 아동이 사는 지역사회를 개발하는 활동을 통해 지역주민 모두의 삶을 개선하는 쪽으로 전환했다. 지역사회 개발사업은 지역 주민들의 적극적인 참여를 통해서만 가능했다. 오지 농촌의 주민들은 교육받지 못했고, 아는 것이 없다고 뒷걸음질 쳤다. 해외에서 온 전문 훈련가는 마을에 관한 일은 다른 누구보다 주민들이 가장 잘 안다며 주민에게 마을에 대해 말해 달라고 부탁했다. 해외에서 온 전문 훈련가들은 "우리가 이 마을에 온 지는 불과 며칠밖에 되지 않지만, 주민들은 평생 여기 살았으니 마을에 대해 알려 달라"고 부탁하며 주민들의 마음과 입을 열었다. 훈련가들은 주민들의 말을 경청했다. 그러자 지역의 주민은 선조때 부터 살아온 마을 이야기를 풀어놓았다. 마을의 좋은 점과 불편한 점 등을 말했다. 훈련가는 주민에게 마을의 불편한 점을 개선하려면 무엇을 해야 하고, 어떻게 해야 할 지를 물었다. 주민들은 소그룹으로 서로 의견과 생각을 나눴다. 훈련가들이 가르치지 않았는데도 주민들은 깨우쳤다! 훈련가는 주민교육훈련 워크숍을 '민주주의 참여식 교육'이라고 했다. 나는 해외 훈련가들이 진행하는 주민교육 워크숍의 통역을 도우려 워크숍에 함께했으나 할 일이 별로 없었다. 대신에 예기치 못한 귀한 걸 배웠다. 훈련가들은 말을 많이 하지 않았다. 대신 간단한 질문들을 던졌고, 대부분 몸으로 말하고 느낌으로 대응했다. 나는 워크숍 현장에서 큰 깨우침을 얻었다. 그래서 이후 내가 맡은 '농촌여성 개발사업'에 그 기법을 적용함으로써 농촌여성들의 삶이 개선되는 과정에 동참할 수 있었다.

1989년 11월 20일, 유엔총회에서 유엔아동권리협약이 채택되었다. 협약은 아동권리의 준거가 되는 국제법으로 전 세계 196개국이 반드시 지키겠다는 약속을 한 문건이다. 협약은 단순히 잘 만들어진 법조문이나 미사여구의 문장이 아니었다. '반드시 실현되어 실제가 되어야 한다'(Not a Rhetoric But a Reality)는 준엄한 촉구가 담긴 국가들의 공식 약속이었다. 협약은 반드시 실천을 담보해 아동권리가 실제가 되도록 해야 했기에 널리 알리고 확산하는 것이 우선순위가 되었다. 글로벌 NGO에서 국제 회원국들의 기술 지원을 받으며 협약을 알리고, 실현을 위한 노력에 집중했다.

1995년에 아프리카 남동부의 섬나라 모리셔스에서 열린 국제연맹회의에 참가해 유엔아동권리협약 알리고 교육할 수 있는 훈련 기회가 주어졌다. 거기서 협약을 가장 쉽고 빠르고 재미있게 알리며 훈련하는 기법을 배웠다. 아동인권을 퍼실리테이션하는 교수법이었다. 그제야 비로소 1970년대 말 농촌지역사회 개발 사업에서 주민교육 워크숍을 이끈 해외 훈련가들의 교육훈련 기법이 바로 퍼실리테이션이었음을 알게 되었다. 그 요체는 바로 민주주의 참여식 접근법을 사용하는 것이었다.

세 사람이 함께 이 책을 만들었다. 우리는 아동인권을 퍼실리테이션하는 현장에서 만나 배우고 깨우치며 실현하면서 함께 연구하고 공부했다. 아동인권교육훈련 퍼실리테이션 현장에서 경험한 내용을 에세이 형식으로 책에 담았다. 성인 대상 퍼실리테이션 에세이 21편과 아동 대상 12편을 실었다. 매 에세이 마다 후기를 통해 아동인권 관련 지식과 정보, 기술과 태도가 어떻게 서로 연결되어 쉽고 재미있으며 유익한 활동이 될 수 있는지 알 수 있게 정리했다. 이 책은 퍼실리테이션 교수법을 몸으로 배워 실천하여 성과를 거둔 경험을 이론적 배경과 연관 지음으로써 이론과 실제가 함께 어우러진 '아동인권교육훈련 퍼실리테이션하기'이다. 아동을 깊이 이해하기 원하는 사람들, 인권과 아동인권에 대해 알고자 하는 사람들, 다양한 직종에서 일하면서 본인의 업무를 개선하여 역량을 강화하고 싶은 사람들, 아동인권을 좀 더 쉽게 알리고 싶은 교육자나 강사들에게 도움이 되는 책이 되길 바란다. 이 책을 접하는 모든 이들이 삶에서 겪는 문제들을 퍼실리테이션으로 풀어 이 세상을 쉽고 재미있으며 유익하게 사는 법을 배우게 되길 소망한다.

목 차

여는 글

1부 성인 대상 퍼실리테이션

1. 가르치지 않습니다 • 12
2. 행함으로 배우기(Learning by Doing) • 21
3. 퍼실리테이션 기술의 백미, '피드백'(Feedback) • 28
4. 원 앤 온리(One & Only) • 38
5. 퍼실리테이터의 입장(position)은 '중성'(neutral) • 47
6. 지나치게 부모가 되려 하지 말라 • 55
7. 변화를 촉진하는 사람(Change Agent) • 65
8. 전문 퍼실리테이터의 자질과 역할 • 73
9. 나도 '피해자'입니다 • 80
10. 소확행(小確幸)- '가치'를 퍼실리테이션하다 • 89
11. 퍼실리테이터의 태도(Attitude) • 97
12. 비교와 경쟁 없는 문화를 꿈꾸며 • 104
13. 핵심가치(Core Value) • 112
14. 북콘서트 • 119
15. 아동인권교육훈련연구소(Child Rights Education Training Institute·CRETI)
    - 한 명의 퍼실리테이터가 준비되기까지 • 127

16. 퍼실리테이션의 피드백과 추적(Feedback & Follow Up) • 135

17. 생각과 성찰로 이끄는 퍼실리테이션 • 144

18. 아동보호 실천 vs 아동인권옹호 • 153

19. 공동 퍼실리테이션(Co-Facilitation)-자신만의 꽃을! • 161

20. 아동인권 관점에서 본 영화 • 170

21. '파인애플 스토리'-'역지사지'를 퍼실리테이션하다 • 178

2부 아동 대상 퍼실리테이션

1. 울음 • 188

2. 피드백 • 197

3. 이주배경 • 205

4. 기여자 • 213

5. 훈육 • 221

6. 긍정적 경험 • 234

7. 괴물 • 242

8. 태도 • 248

9. 가능성 • 255

10. 기다림 • 263

11. 초점 맞추기 • 267

12. 신뢰 • 275

글을 마치며 • 281
참고문헌 • 285

1부

성인 대상 퍼실리테이션

가르치지 않습니다

1960년대 말 대학을 졸업하고 직장인이 되었다. 대학 졸업 후 사회에 나가면 무슨 일이든 할 수 있을 줄 알았다. 처음 일터에서 주어진 임무 수행을 위한 역량도, 기술도 턱없이 부족한 나의 모습에 당황했다. 훈련받지 못한 병사가 전쟁터에 나선 모습이었다. 두려움이 엄습했다. 다행히 학교에서 배우고 혼자 익힌 외국어가 그나마 도움이 되어 해외 아동 구호단체에서 번역 일을 시작했다. 오지 농촌과 외딴 섬에 사는 아이들과 외국 후원자와의 소통을 돕는 일이었다. 그들이 편지글을 통해 서로 친밀한 관계로 소통할 수 있도록 지원했다. 당시 한국전쟁으로 인해 부모를 잃고 어려운 상황에 있는 아동의 일상에 위로와 힘이 되길 바라며 한글 편지는 영어로, 영어 편지는 한글로 옮기며 작은 보람을 느꼈다. 그러나 단조롭게 반복되는 단순 업무에 지루함과 무력감이 들었다.

당시는 한국전쟁으로 온 땅이 황폐했고 궁핍과 혼란의 시기였다. 전쟁고아, 미망인, 피란민들을 돕기 위해 한국에 들어온 외원 구호 개발단체의 도움과 지원에 의존해야만 했다. 극한 상황임에도 한국 국민은 독특한 국민성을 발휘하여 자조, 자립, 근면한 삶으로 빠르게 고난을 극복해 나갔다. 1970년대 초반에는 정부 주도의 새마을 운동이 전국으로 확산됐다. 해외 원조 단체들도 긴급 구호 사업을 주민의 참여를 통한 자조사업과 지역사회 개발사업의 형태로 전환했다. 나는 자선사업단체에서 개발사업단체로 발 빠르게 전환하여 진취적이고 미래 지향적인 지역사회개발사업의 선두주자로 나선 글로벌 아동 구호·개발 NGO인 세이브더칠드런(Save the Children Federation·SCF/ Community Development Federation·CDF)으로 인도함을 받았다.

"하늘은 스스로 돕는 자를 돕는다"

"아동에게 고기를 주지 말고 고기 잡는 방법을 알려 주라"

이 두 개의 슬로건을 내세워 지역주민들과 함께 발전과 변화를 추구하는 기관에서 일하게 된 건 행운이었다. 재미있고 도전되는 일에 매료되었다. 한 아동의 행복을 위해선 그 아동의 가정과 그 가정이 속한 지역사회가 변화되어 모두가 더 나은 환경에서 살게 해야 한다는 전략을 세우고 일했다. 해외 후원자들의 재정지원으로 한 아동이 아닌 지역사회 전체를 변화시키는 사업을 시도했다. 사업의 중심에 주민의 참여가 있었다. 그러한 사업전략을 '사람 중심 접근'(people-centered approach), 혹은 '민주주의 참여식 접근'(democratic-participatory approach)이라 했다.

1970년대 말이었다. 미국에 본부를 두고, 서울에 사무실을 둔 세이브더칠드런은 당시 가장 작은 자를 지원하기 위해 농촌과 섬마을에서 지역사회 개발사업을 시작했다. 서울에서 가장 가까운 사업장인 경기도 오지 농촌마을에 출장을 가면 길이 험하고 교통수단이 원활치 않아 하루 만에 일을 마치고 돌아오지 못했다. 외지와의 연계와 소통이 쉽지 않은 낙후된 지역이었다. 주민들은 그들이 사는 마을 너머의 삶에 대해서는 정보가 별로 없었다. 전기도 들어오지 않았다. 마실 물도 우물이나 펌프에 의존했다. 그 지역에서 대대로 산 주민에게는 외부인들이 느끼는 불편함이 평범한 일상이었다. 지역 주민 전체가 경제적으로 어려웠기에 이동수단이나 생필품 등 일상생활의 크고 작은 불편함을 운명으로 여겼다. 그래서 생각의 전환을 이끌 수 있는 주민 교육훈련과정이 개발사업에 앞서 준비되었다. 미국 본부에서 파견한 세계무대에서 활동한 경험과 전문성을 지닌 강사(trainer)들이 현장에 투입되었다. 지역 지도자 대상의 교육훈련이 먼저 시행되었다. 언어가 다르고 모든 것이 새롭기만 한 교육장에서 강사는 색다른 방법으로 주민들에게 다가가 그들의 말문을 열었다.

"우리는 아주 먼 나라에서 왔습니다. 여기 온 지 이틀 되었어요. 이 마을의 주인은 여기서 수십 년 살고 계신 여러분들입니다. 여러분 마을에 대해 알려주세요. 무엇이든 마을 이야기를 나눠 보자고요."

어려운 요청이 아니었다. 주민들에게 너무나 익숙한, 자신이 사는 마을 이야기를 하라는 것이었다. 침묵을 깨고, 한 사람씩 조심스럽게 말문을 열기 시작했다. 마을의 자랑거리도, 어려운 점도, 불편한 점도 꺼내 놓았다. 한 사람도 빠짐없이 참여자 모두의 이야기를 들을 수 있었다. 예상치 못한 일에 나는 무척 놀랐다. 처음에 나는 외국에서 초빙된 강사들이 지역사회 개발사업의 철학과 이론 그리고 실제 등을 강의할 줄 알았다. 그러나 전혀 아니었다. 한 주간 동안 진행된 주민지도자 워크숍은 매일 매일 흥미롭고 새롭고 진지하게 진행됐다. 강사는 그들을 가르치지 않았다. 지적하거나 훈계하지도 않았다. 강사는 그들이 만난 주민의 내재된 잠재능력을 신뢰했다. 그리고 존중했다. 그들이 실수하면 격려했다. 그들은 말을 많이 하지 않았다. 서로 언어가 다르기 때문만은 아니었다. 강사는 친절하고 진지했다. 그리고 경청하고 관찰했다. 사업의 계획 단계에서부터 모니터링까지 그들은 주민을 중심에 두고 말하며 행동했다. 최소한의 지식, 정보, 기술은 쉽게 설명하고 그 지식과 정보를 기반으로 현장의 기초조사부터 사업구상과 설계, 계획서 작성, 자원 및 재원 활용과 발굴 등 전 과정이 흥미롭게 진행됐다. 주민들은 훈련과정을 통해 자신이 처한 환경과 삶을 들여다보게 되었다. 자기의 느낌, 생각과 의견을 말하고 다른 사람의 말을 들었다. 그러자 그들이 당면한 문제들이 수면 위로 떠올랐다. 강사는 그들이 '깨우칠 때까지' 인내하며 기다렸다. 주민들은 아주 천천히 변화와 발전이라는 목표를 향해 자신들을 이끌고 안내하는 강사들과 함께 걸었다. 그들은 가르치는 선생이 아닌 주민들을 이끌고 안내하는 조력자(퍼실리테이터·Facilitator)였다.

한 걸음 더 들어가기

'퍼실리테이션'(Facilitation)과 '퍼실리테이터'(Facilitator)

퍼실리테이션은 '쉬운'이라는 뜻을 지닌 라틴어 형용사 'facilis'에서 나왔다.[1] 퍼실리테이션이란 서로 다른 생각과 이해관계를 가진 사람들이 저마다의 의견을 자유롭게 표현할 수 있도록 환경을 조성하고 합의 과정을 통해 의사 결정에 도달할 수 있도록 하는 것을 의미한다.

퍼실리테이터는 '촉진자'라는 의미로 참여자 모두가 최고의 생각을 할 수 있도록 지원하며 사람들이 합의 과정을 통해 의사 결정에 도달할 수 있도록 돕는 역할을 한다. 보다 구체적으로 퍼실리테이터는 먼저 참여자들의 완전하고 전면적인 참여를 장려하고 상호 이해를 촉진하며 공동의 책임을 만든다. 참여자들이 최선의 생각을 할 수 있도록 지원함으로써 참여자들이 포괄적인 해결책을 찾아내고 지속 가능한 합의를 도출할 수 있게 한다. (Karner, 2014)[2]

---

1. Merriam-Webster. (n.d.). Facilitate. *In Merriam-Webster.com dictionary*. https://www.merriam-webster.com/dictionary/facilitate
2. Kaner, S. (2014). *Facilitator's guide to participatory decision-making*. John Wiley & Sons.

생각 나누기

사람들은 언제부터 교육이나 중요한 문제 해결을 위한 상담이나 회의를 퍼실리테이션 기법으로 이끌었나요?

사람들이 어려운 문제를 풀기 위해 퍼실리테이션 기법을 활용하게 된 계기는 무엇일까요?

생각 더하기

퍼실리테이션 기법의 기원은 고대 부족 사회에서부터 찾아볼 수 있다. 인간이 더 나은 삶의 질을 추구하고 생존과 번영을 위해 구성원 간 협력이 필수적이었던 당시, 부족의 리더들은 집단 토의를 이끌며 구성원 간 의견을 조율하고 합의를 도출하는 역할을 수행했다. 이러한 초기 형태의 퍼실리테이션은 집단의 협력을 촉진하고 공동의 목표를 달성하기 위한 기본적인 기술로 자리 잡았다. 고대 그리스의 철학자 소크라테스는 문답법(Socratic Method)을 통해 집단 내 대화를 이끌고 참여자들이 스스로 답을 찾도록 유도하는 등 퍼실리테이션의 초기 원칙을 보여줬다. 이는 퍼실리테이터가 정보를 직접 제공하기보다는 질문과 토론을 통해 사고를 촉진하는 현대적 기법과

유사하다.

17세기에는 조지 폭스(George Fox)[3]가 창시한 퀘이커 교파에서 퍼실리테이션의 중요한 원칙을 발전시켰다. 퀘이커 교파는 "모든 사람의 내면에는 신성한 빛이 있다"는 믿음을 바탕으로 '모든 사람의 목소리를 존중하고 경청하는' 문화를 형성했다. 이는 합의를 통한 의사결정 과정을 중시하는 접근법으로, 오늘날 퍼실리테이션의 철학적 기반이라 할 수 있다. 20세기 초반에는 쿠르트 레빈(Kurt Lewin)이 제안한 집단 역학(Group Dynamics)이 퍼실리테이션 기법의 학문적 기초를 제공했다고 볼 수 있다. 그는 집단 내 상호작용과 협력이 집단의 목표 달성에 중요한 역할을 한다고 보았다. 또한, T-그룹(Training Group) 프로그램은 사람들이 집단 내 행동과 상호작용을 성찰하고 개선할 수 있도록 돕는 방식으로 발전했다. 간디, 마틴 루터 킹 주니어의 비폭력 운동에서 퍼실리테이션의 실천적 예시를 찾을 수 있다. 이들은 자발적 참여, 공동의 목표설정, 대화를 통한 이해 촉진 그리고 자율적으로 행동하고 역량을 발휘할 수 있는 환경 조성 등 퍼실리테이션의 핵심 요소를 활용하여 사회적 변화를 이끌었다.

1960~1970년대에 시민단체와 지역사회 개발을 주도한 비

---

3. 조지 폭스는 퀘이커(Quakers)로 알려진 종교친우회(Religious Society of Friend)의 창시자이다.

영리 민간단체들이 퍼실리테이션 기법을 활용했다. 이 시기 미국에서는 집단 학습 촉진 기법으로 퍼실리테이션이 구현되기 시작했으며, 경험학습(Experiential Learning)을 강조한 데이비드 콜브(David Kolb)의 학습 이론 또한 퍼실리테이션 기법의 학문적 확장을 이끌었다. 1980년대 후반, 퍼실리테이션은 미국 제너럴 일렉트릭(General Electric·GE)의 워크아웃 타운 미팅(Work-out Town Meeting)에서 업무 및 조직 문화 혁신의 도구로 성공적으로 적용되었다. 이 접근법은 모든 참여자가 업무나 지위에 상관없이 자유롭게 공통 문제를 토론하고 해결 방안을 마련하며 의사결정과정에 적극 참여하도록 설계되었다. GE사의 성공 이후, 퍼실리테이션은 글로벌 기업들 사이에서 주목받으며 효율적인 회의 진행, 현장 중심의 업무 혁신, 조직문화 개선 등 다양한 분야에서 폭넓게 활용되었다.

행함으로 배우기
(Learning by Doing)

    1992년 12월, 세이브더칠드런은 정부로부터 영구임대주택 단지에 세운 종합사회복지관을 위탁받아 운영했다. 나는 사업장으로 파견되어 복지관 초대 관장의 직임을 12년간 수행했다. 정부의 주거복지 시책으로 서울 전역의 '달동네'로 불리던 마을 주민들이 영구임대아파트 단지로 이주했다. 종합사회복지관에서 주민들의 복지사업을 이끌었고 복지관 안에 어린이집이 설치되어 영유아 보육 사업도 병행했다. 일찍 등원하는 맞벌이 부부 자녀들을 위해 어린이집 교사와 복지관 직원들이 늘 이른 출근을 했다. 나는 출근하면 습관적으로 관장실 바로 앞에 있는 어린이집에 들어가 일찍 온 아이들의 자유 놀이 모습을 바라보는 기쁨을 누리곤 했다.
    아이들이 놀이에 몰입하는 모습은 흥미롭다. 어느 날, 어린이집에 가보니 5살쯤 된 남자아이가 제일 먼저 와 있었다. 자유 놀이방에는 다양한 교구, 그림책, 동화책 그리고 놀잇감이 있다. 아이는 장난감 진열대와 바구니들을 살펴보다가 플라스틱으로 된 도마, 칼, 오이를 집어 들고 테이블로 가서 의자에 앉았다. 도마 위에 오이를 올려놓고 자르는 시늉을 하며 놀고 있었다. 집에서 엄마의 오이 써는 모습을 보며 자기도 한번 해 보고 싶었나 보다. 집에서는 양육자가 못하게 했을 수 있지만 여기선 누구나 자기가 하고픈 놀이를 한다. "왜 남자처럼 놀지 않고 여자처럼 부엌놀이를 하니?"라고 묻는 사람은 없다. 아이들에게 어린이집은 언제나 자유롭고 신나는 놀이터다.

지역주민들과 함께 만들어 가는 종합사회 복지관은 그 지역에 사는 지역공동체 주민을 대상으로 사업이 이루어졌다. 홀로 사는 어르신들과 신체 혹은 정신 장애로 불편한 주민이 모여 사는 영구임대아파트 단지 내에 세워진 일터다. 전 주민의 복지를 위해 일하지만 가장 중점을 두고 집중한 사업은 아동을 위해 아동과 함께하는 사업으로 그중에서도 0세부터 만 6세까지의 아동을 위한 사업을 중심에 놓았다. 영유아기 초기 투자는 아동의 인지 및 사회적 발달을 지원하고 장기적으로 교육, 소득, 건강 향상 및 범죄 감소 등으로 이어져 사회의 경제적 발전 및 사회의 안녕감에도 효과적이다. (Heckman, n.d.)[4] 비록 상대적으로 사회로부터 배제되거나 소외된 가정

---

4. Heckman, J. (n.d.). *Invest in early childhood development: Reduce deficits, strengthen the*

의 자녀들이라도 아동이 당당하게 자신의 권리를 알고 주장하며 자유롭게 성장해 나가도록 교육하고 훈련했다. 우리가 일하는 지역사회에서 자라는 영유아들의 발달과 성장에 도움 되는 최선의 환경을 제공하기 위해 애썼다.

그러나 어린이집 과정을 끝내고 공교육 과정으로 진입하면서 어려움이 발생했다. 초등학교에 가보니 한 교실에 다양한 환경에서 다르게 양육된 아이들의 모둠 수업이 펼쳐졌다. 학교는 어린이집처럼 아동 중심의 개별 접근이 어려운 교육 환경이다. 어린이집에는 보육교사가 늘 옆에서 돌보고 보호했지만 학교에서의 상황은 달랐다. 서로 다른 아이들이 모여 서로 다름을 놓고 차별하며 차별받는 일이 발생했다. 차별하는 아이들이 차별받는 아이보다 수적으로 우세했다. 복지관이 위치한 아파트 단지 지역에서 자란 아이들은 학교 수업이 끝나면 피난처를 찾듯 복지관으로 달려왔다. 복지관은 차별하는 아이들의 행동 변화에 초점을 맞추기보다 어린이집에서 자란 아이들을 더 강하게 키우는 것으로 문제해결 방향을 잡았다. 아동들 사이에서만 차별이 일어나는 것이 아니었다. 교사가 도움이 되지 못했고, 차별하는 아동의 부모도 도움이 되지 못했다.

---

economy. https://heckmanequation.org/resource/invest-in-early-childhood-development-reduce-deficits-strengthen-the-economy/

그들은 심지어 영구임대아파트에 사는 친구들에게 학교 갈 때 지나가야 하는 아파트 단지를 멀리 돌아가라고 했다. 임대아파트 단지의 아이들은 타 아파트 아동들로부터 차별받았고, 그들의 부모들과 단지 내 주민들도 그 차별에 합세했다. 우리는 복지관 운영 법인인 세이브더칠드런의 지원을 받아 해외에서 아동인권교육훈련 전문 퍼실리테이터를 초청, 복지관 아동들에게 아동인권교육훈련을 단계적으로 실시했다. 전문 퍼실리테이터의 안내와 인도로 쉽고 재미있고 유익한 아동인권교육훈련을 통해 아이들은 자기가 누구이며 어떤 존재인지 깨우치고 자신들이 반드시 알고 누릴 자신들의 권리에 대해 배워 갔다. 퍼실리테이터의 안내로 아동권리의 개념과 기본 요소들을 배우면서 아동권리에 관한 정보를 내재화한 아이들이 스스로 힘을 키워가는 걸 볼 수 있었다.

"아동기의 미숙함은 결코 결핍이 아닌 성장하는 힘"이라고 말한 존 듀이의 이론[5]이 현실화되는 것을 보며 우리도 함께 강해졌다. 점차 아이들의 자존감이 높아지고 자신감도 생겨났다. 아이들은 이유 없이 부당하게 대하는 친구에게 주눅 들지 않고 지혜로운 말로 자기의 생각을 말하며 대응하는 여유로

---

5. 존 듀이는 아동기를 단순히 미성숙한 상태로 보는 것이 아니라, 배움과 성장의 잠재력을 가진 단계로 설명한다. Dewey, J. (2004). 민주주의와 교육 (김성숙 외, 역) [원저 Democracy and education, 1916]. 동서문화사.

운 아이로 성장했다. 아이들은 경제적인 결핍으로 불편할 수는 있지만 그것으로 인해 불행한 아이가 돼서는 안 된다는 것을 깨우쳤다. 아이들은 자신 안에 숨어있는 진화하는 발달능력(evolving capacity)[6]과 회복탄력성(레질리언스·resilience)을 발휘하며 어려움을 딛고 일어서는 당당한 모습을 보였다. 퍼실리테이션 방식으로 진행된 아동인권교육훈련은 아이들에게 놀라운 성과를 이끌어냈다.

임대아파트에 산다는 이유로 차별받던 아이들은 강하게 변해갔다. 신기한 것은 친구를 무시하고 차별하던 아이들도 달라졌다는 사실이다. 이를 통해 아동기를 사는 사람은 가해자도 피해자요, 피해자도 가해자가 될 수 있다는 사실을 깨닫게 되었다.

한 걸음 더 들어가기

퍼실리테이터는 신뢰, 통찰, 직관력이라는 자질을 갖춰야 한다. 어떤 환경이나 상황에 처한 아동이라도 이 세상에 인간으로

---

6. 진화하는 발달능력(evolving capacity)은 유엔아동권리협약에서 최초로 소개된 것으로 아동의 개별적인 발달과 자율성 증진과 관련된 개념이다. 아동이 현재 보이는 능력만이 아니라 아동의 존재를 인정하고, 그 존재가 가진 잠재적 가능성을 포괄한다.

태어난 이상 '인간의 존엄성'은 마땅히 존중받아야 한다. 아동의 성별, 나이, 가정환경 등 어떠한 이유로도 차별받아서는 안 되며, 모든 아동은 동등한 기회를 가질 권리를 보장받아야 한다.

퍼실리테이터는 아동이 어리고 미숙해도 그들의 내면에 '성장하는 힘'이 내재되어 있음을 감지해야 한다. 직관과 통찰력을 지니고 인권 민감성을 통해 아동인권침해를 꿰뚫어 보는 능력이 요구된다. 퍼실리테이터는 편견으로 인한 부당한 대우 앞에 무조건 주눅 들고 기죽는 아동이 아닌, 당당하게 때로는 지혜롭게 자기 목소리를 낼 줄 아는 강한 아동이 되도록 지원하고 안내해야 한다. 퍼실리테이터의 경청과 공감 능력을 발휘하여 인내와 사랑으로 아동의 성장하는 힘, 진화하는 발달 능력이 발현되도록 기다릴 줄 아는 퍼실리테이터의 역량을 키워야 한다. 아동들과 퍼실리테이터가 함께 깨우치며 성장하는 배움의 장이 마련되어야한다.

생각 나누기

'퍼실리테이션'이란 참여자 중심의 합리적인 의사결정 과정이다. 일상생활에서 혹은 직장에서 퍼실리테이션 기법으로 어려운 문제를 풀어 본 경험이 있는가?

최근 읽은 글이나 관람한 예술 작품(영화, 드라마, 문학작품 등)에서 퍼실리테이션으로 어려운 관계나 갈등 상황을 쉽고 재미있고 유익하게 해결하는 모습을 만난 경험이 있는가? 어떤 활동이 성공적인 퍼실리테에션이라 생각하는지 사례를 들어 설명해 보자.

생각 더하기 ➕

아동을 대상으로 하는 이용 시설이나 생활 시설을 방문하면 무엇보다 먼저 그 시설이 '아동인권친화환경'으로 조성되어 있는지를 관찰하고 살핀다. '아동인권친화환경'은 어떤 환경을 말하는 것일까?

아동인권친화적 환경은 모든 아동이 차별 없이 존엄성을 인정받으며 성장하고 생활할 수 있는 물리적, 정서적 환경을 뜻한다. 이러한 환경은 아동의 기본적인 권리를 보호하고 증진하며, 아동의 발달적 필요를 충족시키는 데 초점을 둔다. 아동인권친화환경은 물리적 환경과 정서적 환경으로 나뉘어 정의할 수 있으며, 이는 서로 상호보완적이다.

퍼실리테이션 기술의 백미,
'피드백'(Feedback)

코로나 팬데믹 시대 3년째 접어들었을 때의 이야기다. 당시엔 평범한 일상이 더 이상 평범한 일상이 아니었다. 불편한 상황이 지속되자 불평과 불만이 드러났다. 만남 자체가 허용되지 않아 사람들이 만나서 하는 일들이 제한되었다. 기업도, NGO도 어려움을 겪었다. 학생들로 활기 넘치던 학교는 문을 닫고 교정은 텅 비었다. 종교시설도 위기였다.

내가 일하고 있는 아동인권 NGO도 물리적, 정서적으로 위축되었다. 조직의 존재 이유이며 목적인 아동인권교육훈련사업도 운영이 어려웠다. 국제아동인권센터가 진행하는 아동인권교육훈련은 정보의 적용과 실천을 통한 변화를 담보한다. 그런데 코로나로 인해 교육생과 대면하여 소통하고, 호흡을 맞추며 진행하는 워크숍 형태의 교육에 제동이 걸렸다. 10년의 전통을 지켜온 아동인권옹호전문가 과정도 비대면 교육으로 진행해야 할 상황이었다. 비대면 교육으로는 기대하는 성과 달성에 한계가 있다. 국제아동인권센터는 가장 작은 자들을 위해 그들과 함께 일하는 기관으로 전문성을 지닌 아동인권옹호 전문 기관이다. 조직의 사명과 비전에 동의하고 함께 실현하기 위해 물심양면으로 후원을 아끼지 않는 300여 명의 든든한 동행자도 함께한다.

코로나 시대임에도 우리는 쉼 없이 움직였다. 특이한 코로나 상황으로 인해 교육에 참여하는 학생의 수가 반 이상 줄었다. 방역 수칙에 저촉되지 않을 만큼의 소그룹이 구성되면 대면으로 워크숍을 진행했다. 2021년, 코로나가 창궐하던 시기임에도 국제아동인권센터는 상설프로그램인 아동인권옹호전문가 과정을 소수 정원으로 지속 운영하였다. 찾아가는 외부 교육도 계속 실시했다. 화성시, 대전시, 천안시에서 아동인권교육훈련 강사양성 프로그램을 워크숍으로 진행했다. 아동권리옹호전문가(CRA) 과정은 100시간 교육을 수료하고 소정의 자기 훈련 준비 기간을 지낸 후, 자신이 직접 교육훈련 프로그램을 개발해야 한다. 자신이 개발한 프로그램으로 자신이 선정한 대상에게 시연한 후 자기 평가서를 작성해 발표하는 워크숍에도 참여해야 한다. 퍼실리테이터가 되기 위한 마지막 관문인 워크숍을 통해 아동인권교육훈련을 운영할 수 있는 자격과 역량을 갖추게 된다.

코로나가 정점을 향해 치닫던 2022년 2월 마지막 토요일에 CRA 과정 수료자 6명 중 4명이 마지막 관문인 시연 발표 워크숍에 참여했다. 모두 긴장하면서도 기대감이 큰, 소중한 시간이다. 교육 진행자인 퍼실리테이터는 교육 참가자가 제출한 교육 내용과 스스로 작성한 자기 평가서를 사전에 받아 신중하게 검토한다. 최종 워크숍에서 동료들과 퍼실리테이터로부터 피드백을 받는 시간은 특히 긴장되는 시간이다.

퍼실리테이터 활동을 하면서 터득하게 된 진리가 있다. 절대로 다른 사람들의 평가에 상처받거나 실망하지 말아야 한다는 것이다. 자신의 상태는 본인이 제일 잘 안다. 본인이 한 일 역시 본인이 가장 잘 안다. 최종 워크숍 발표는 발표자가 잘하는 지, 못하는 지를 평가하는 시간이 아니다. 본인이 준비한 교육훈련의 내용이 목적 달성을 위해 얼마나 성실하게 빈틈없이 준비되었는지, 교육 내용과 활동이 의도한 대로 정확히 전달되고 이해되었는지, 교육 참가자 한 사람 한 사람에게 몰입하고 집중하여 각 사람에게 깨우침의 기회를 제공했는지 등, 모든 사안에 대해 자기 자신이 제일 민감하게 느낀다. 다른 사람을 평가하는 것은 매우 조심스럽고 신중한 일이다. 발표자가 스스로 찾지 못하고 놓친 부분이 있을 수 있다. 퍼실리테이터는 발표자의 발표과정을 면밀하게 관찰하고 교육 내용을 경청한 후 피드백을 한다. 동료의 피드백은 아주 중요하다. 피드백은 역지사지(易地思之)의 자세로 동료의 발표를 경청하고 느낀 것을 나누는 과정으로 이 또한 워크숍 과정에서 중요한 부분이다.

피드백 내용은 매우 중요하다. 그러나 더 중요한 것은 피드백을 수용하는 발표자의 마음 자세다. 퍼실리테이터의 피드백이나 동료들의 의견을 열린 마음으로 받는 자세가 매우 중요하다. 피드백을 그저 잘못을 지적받는 것으로 여긴다면 소중한 깨우침이나 배움의 기회를 놓칠 수 있다. 퍼실리테이션 교수법의 백미는 퍼실리테이터의 피드백을 통해 배우고 깨우치는 기회를 얻는 것이다. 단 하나의 개념, 요소, 원칙 등을 내재화하는 과정에서 놓친 부분을 그들 스스로 보게 하는 피드백은 여러 시간의 강의를 듣는 것보다 효과적이다. 그래서 국제아동인권센터는 주입식 강의가 아닌 워크숍 형태의 퍼실리테이션 교수법으로 교육을 진행한다. 아동인권교육훈련은 일방통행이 아닌 쌍방통행으로 가야 한다.

2022년 2월 마지막 토요일에 그간 코로나 상황을 겪으면서도 전문가 양성 100시간 과정을 성실하게 마치고 2개월의 준비 기간을 거쳐 시연 활동 후 자기 평가서를 담아 보내온 4명의 예비 강사들의 활동 보고서를 받고 최종 워크숍을 진행했다. 그들은 그간 배운 지식과 정보를 적절한 연결고리를 찾아 기술적으로 적용한 내용을 교육프로그램에 담았다. 4명의 수료생이 같은 기간에 같은 내용의 교육을 받았으나 그들이 개발한 교육 내용과 활동은 모두 달랐다. 우리는 4명의 발표자 모두가 2시간씩 2회기, 총 4시간 과정의 아동인권교육훈련을 진행할 수 있는 역량을 갖추고 있음을 확인할 수 있었다. 발표 후, 퍼실리테이터의 피드백은 대부분 격려 차원의 긍정적인 내용이었다. 다만 한 가지 사안에 대한 분명하고도 단호한 피드백이 제공되었다. 그 피드백은 발표자 자신이나 함께 참여한 동료들이 전혀 예측하지 못한 부분이었다. 그럼에도 피드백을 나눈 후, 참여자 모두가 그 피드백의 내용이 준비과정에서 놓치기 쉬운 부분임을 인정하며 긍정적으로 수용했다. 퍼실리테이터로부터 받은 하나의 단호한 피드백은 왜, 어떻게 이루어진 것일까?

  당시 발표자 4명 중 한 명이 아동 양육시설에서 생활하는 청소년을 대상으로 2시간 교육훈련 과정을 시연한 내용을 발표했다. 시설 거주 청소년 20명을 대상으로 대면 교육을 시연한 강의 내용과 활동 그리고 자기 평가까지 발표했다. 교육 내용이 알차고 흥미로운 콘텐츠로 짜여졌다. '4등'이란 제목의 영화 하이라이트를 추려서 청소년들과 함께 관람한 후 느낌을 나눴으며 주인공의 입장을 살피는 활동까지 잘 진행했다. 청소년을 대상으로 진행한 2시간 프로그램 내용이 적절했다. 발표한 본인도 만족하고 함께 과정을 마치고 발표한 다른 동료들도 격려의 박수를 보내 주었다. 특별한 질문이나 동료들의 코멘트, 피드백은 없었다. 발표자는 도입부에서 자신이 가장 중점적으로 다룬 내용은 아동 양육시설에 거주하는 아동의 특성을 알아보는 것이었다고 했다. 발표자는 그곳 아동이 '자존감이 낮다'는 특성을 갖고 있다는 사실을 알게 되었다고 말했다. 이런 경우에 퍼실리테이터는 2시간 동안 다루게 될 교육 내용의 기본은 같더라도 그 내용 전반을 운영하면서 청소년의 자존감을 높여 주는 어떤 콘텐츠가 포함되었는지 확인하는 것을 기대한다.

  준비 과정에서 교육대상 아동의 특성을 파악하는 데는 특별한 목적이 있다. 그 목적에 부응하는 내용을 교육 콘텐츠 안에 포함하기 위함이다. 그럼에도 그 발표자의 경우엔 청소년의 자존감을 높이는 목적이 간과된, 자신이 배운 지식과 정보를 전달하기에 급급한 내용으로 교육을 준비한 것이 관찰되었다. 교육훈련 진행자가 그 부분을 놓침으로 인해 교육훈련의 목적을 온전히 달성하지 못한 점이 아쉬웠다. 교육훈련의 결과는 교육받은 학생의 피드백에서 분명하게 드러났다. 발표자의 '세부 자기평가서'에 이런 언급이 있었다. 교육받은 한 중학교 학생이 교육이 끝난 후 시설 양육자에게 다음과 같은 말을 남겼다고 적혀 있었다.

"권력의 정점에 있는 사람들이 들어야 하는 걸 '우리 같은 피라미'들이 들어서 무슨 의미가 있어요?"

본 교육의 퍼실리테이터는 강사양성 과정 마지막 단계인 자기평가를 마친 후 발표자가 교육훈련 프로그램도 훌륭하고 프로그램 이행도 잘 이루어졌으나 교육 목적의 중심에 있던 청소년들의 자존감을 높이는 목적을 놓친 부분이 있음을 스스로 깨우치도록 피드백했다. 아동인권교육훈련에서 퍼실리테이터의 피드백은 교육 전 과정의 백미라 할 수 있다.

한 걸음 더 들어가기

아동인권교육훈련에서 퍼실리테이션 기술은 교육 효과를 높이고 교육참가자들을 흥미롭게 이끌어 지루함 없이 쉽고 재미있고 유익한 배움의 장으로 이끈다. 아동인권교육훈련의 퍼실리테이션 과정에서 백미라고 할 수 있는 피드백은 전문성을 요하는 활동이다. 피드백은 '학습자가 수행한 과업에 대해 정보를 제공하여 현재 상태와 목표한 상태 간의 간격을 인식하고 그 간격을 줄이기 위한 필요한 조치를 이해하도록 돕는 것'으로 정의될 수 있다.[7] 피드백을 할 때 우리는 다음을 기억해야한다:

* 피드백은 잘못을 지적하기 위한 것이 아니라 '학습과 성장을 지원하기 위해' 제공되는 것이다
* 교육 대상자의 특성을 분석하여 교육 목적에 부합하는 내용으로 연결해 피드백을 제공해야 한다.
* 피드백을 '간결하고 구체적으로' 제공했을 때 학습자에게 더 효과적으로 배움을 제공할 수 있다.

생각 나누기

피드백을 적절하게 주기 위해 퍼실리테이터는 어떤 준비를

---

7. Hattie, J., & Timperley, H. (2007). The power of feedback. *Review of Educational Research*, 77(1), 81-112.

해야할까요?

* (강점과 개선점을 파악하기 위해) 발표자의 강의 내용, 활동 그리고 교육 대상자의 반응을 면밀히 '관찰'할 수 있어야 한다.
* 발표자의 자기 평가와 피드백에 대한 반응을 경청하며 발표자의 관점을 이해하며(공감하며) 듣는 능력이 필요하다.
* 참여자가 스스로 놓친 점을 깨닫도록 이끄는 질문을 던질 수 있는 능력이 필요하다.
* 긍정적이고 건설적인 방식으로 피드백을 전달하는 '커뮤니케이션 능력'이 필요하다.

생각 더하기 ➕

퍼실리테이터와 교육 참여자는 피드백을 주고받을 때 다음의 내용을 기억해야한다.

피드백을 줄 때
- 구체적인 관찰 사항을 근거로 전달한다.
- 개방적이고 정직하게 제공한다.

- 상대방에 도움이 되고 유익한 때 제공한다.

피드백을 받을 때

- 피드백은 평가나 지적이 아님을 안다.
- 열린 마음으로 수용한다.
- 함께 배우는 수용적인 자세가 필요하다.
- 대안을 함께 모색하지만 최종 결정은 참여자의 몫이다.

원 앤 온리
(One & Only)

　2011년 4월에 창립된 국제아동인권센터는 2020년 4월에 창립 10주년을 맞았다. 지난 10년 간 열악한 상황에서 사명을 감당하며 살아낸 과정을 뒤돌아보니 기적이었다는 생각이 든다. 우리는 이 땅에 반드시 실현되어야 하는 비전과 핵심가치를 삶으로 살아내자는 사명으로 일했다. 아동인권을 알리고 옹호하는 기관으로 외교통상부에 등록된 비영리 민간단체로서 전문성을 담보로 일했다. 100년 역사를 자랑하는 아동인권옹호기관에서 31년이란 긴 세월 동안 일하며 배우고 깨우치는 과정이 있었기에 차세대 젊은이들과 조직의 핵심가치와 사명을 공유하며 함께 일할 수 있었다. 배움과 깨우침은 우리가 세상을 살아가는데 다른 어떤 것 보다 소중한 자산이다. 내가 젊은 일꾼들과 함께할 수 있었던 모든 것은 31년이라는 긴 세월 동안 배우고 익힌 지식과 정보를 사업 현장에서 실천하면서 터득한 경험에 기반한 것이다.

세이브더칠드런에서 일하던 당시 조직의 대표는 본부에서 파견된 숙련된 전문가였다. 전문성을 갖춘 리더가 상주하며 중심에서 활동했고, 다양한 분야의 해외 전문가들이 단기 방문이나 중장기 체류로 기관에 머물며 함께 사업을 만들고 이행하는 과정에서 많은 것을 배웠다. 한 단계 더 깊고 폭넓은 현장 경험을 위해 본부와 다른 국제 회원국이 준비한 워크숍이나 세미나 등에 참여하기 위한 해외 출장을 통해 사업과 관련된 지식과 정보, 기술을 배우는 일에 몰입했다. 해외에서 배운 새로운 지식과 정보, 기술을 국내 사업 현장에 적용할 수 있을 때까지 나를 스스로 강하게 훈련했다.

아무도 나에게 지시하거나, 나를 가르치지 않았다. 나는 해외에서 보고 느낀 귀중한 사업의 기법들을 나만의 방법으로 표출할 수 있는 역량을 키워갔다. 누군가를 무조건 따라 하거나 흉내 내는 것이 아닌 나만의 문제해결 방안을 찾아서 제시했다. 독특하고 유일한 사업 전략을 구상하고 기획했다. 국제연맹 차원에서 기획된 모임이나 교육훈련 과정에 참여하면 국제연맹의 외국인 동료들과 함께 워크숍을 하게 된다. 무언가를 만들어 내야 하는 워크숍에서 외국인 동료들은 내가 자신감을 갖고 접근하는 모습을 보며 "조직적(Organised)이다!",

"통찰력(Insightful)이 있다!" 등의 말로 격려해줬다. 국내에서는 들어본 적이 없는 칭찬과 격려의 말에 자신감을 키우며 용기를 내었다. 내가 고안하여 제시하는 사업 아이디어에 대해 "현장감이 있다"는 인정도 받았다. 그러한 격려의 말들을 들을 때, 나에게 그 말들이 당연하게 들린 것은 내가 능력이 있어서가 아니라 언제나 사업 현장에서 일하는 현장 사람이기 때문이었다. 난 언제나 사업에 참여하고 현지 주민들과 함께했다. 그래서 주민들의 삶을 이해하고 그들의 대변인 혹은 옹호가가 될 수 있었다. 덕분에 현장감 있는 사업을 생각하고 고안하는 일이 가능했다.

우리가 수행하는 목적사업의 중심에는 참여가 있었다. '주민의 참여' 수준이 사업평가의 중요한 지표였다. 내가 표출하고 만들어 낸 것은 모두 해외에서 만난 동료들로부터 배운 것이었다. 그들은 함께 일하는 동료를 진심으로 인정해주고, 격려해주고, 칭찬해주는 태도와 자세를 지니고 있었다. 그들에게서 사업에 관한 지식, 정보, 기술만 배운 것이 아니었다. 함께하는 동료들을 대하는 진심 어린 태도와 자세도 배웠다. 세이브더칠드런에서 일하는 동안 다양한 배움과 훈련의 기회를 얻었다. 그건 행운이고 축복이었다. 모든 교육훈련과정을 통해 일을 배우고, 일하는 방법을 배우고, 일하는 자세를 배웠다. 사회에서 가장 작은 자인 아동을 이해하며, 두둔하고, 편들고, 보호하고, 지원하는 일을 했다. 이 세상 어떤 일보다 가치 있고 존귀한 일이라 믿었기에 내가 하늘로부터 받은 사명이라 확신했다. 누가 알아주거나 말거나 그건 상관이 없었다. 일에 임하는 자세, 교육훈련장에서 사람을 만나는 자세와 그들을 대하는 태도에서 나는 나만의 방법과 태도를 고수했다. 그리고 그 외길을 지금까지 걸어왔다.

나는 지난 반세기 동안 오롯이 NGO에서만 일했다. 나에게는 'NGO 사람', 'NGO 활동가'라는 긍지가 있다. 수십 년 같은 일을 했지만 늘 똑같은 방법으로 접근하지 않았다. 항상 달랐고 늘 새로웠다. 2020년 한해의 활동을 마무리하면서 국제아동인권센터의 연구원들이 각자 한 해 동안 해온 활동을 돌아보는 시간을 가졌다. 그 자리에서 각자의 성과를 한마디 키워드로 종이에 적어 우리 기관을 응원하는 후원자들에게 전하자는 아이디어가 나왔다. 조직의 활동을 한 눈에 엿보는 보고서가 될 것 같았다. 우리는 2020년 한 해 동안 한 일을 확인하고 하나의 키워드로 표현한 내용을 들고 단체 사진을 찍었다. 모두 창의적이고 개성이 넘치는 키워드를 종이에 썼다. 나와 나란히 섰던 한 젊은 아동인권옹호가는 '파도'라는 키워드를 썼다. 그리고 간단한 설명글을 덧붙였다.

"파도처럼 거침없이 맞닥뜨렸고, 하얗게 부서지며 하루하루 버텼습니다. 그럼에도 불구하고 함께 버텨준 동료들이 있었기에 햇살 머금은 파도처럼 아름다웠습니다. 그대들이 있었기에 저의 2020년이 있었습니다. 고마워요."-희진

너무나 감동이 되었다. 얼마나 멋진 메시지인가. 그 키워드와 글은 지난 일 년 동안 우리 삶이 얼마나 지난했는지 말하고 있었다. 그러나 동료들과 후원자들이 있었기에 그 난관을 딛고 일어설 수 있었다는 진심을 짧게 그러나 아름답게 전하고 있었다. 나는 나의 키워드를 영어로 '원 앤 온리'(One & Only)라고 적었다. 짧은 메시지를 덧붙였다.

"저는 2020년 한 해 동안 아동인권교육훈련사업에 전념했습니다. 대면이든 비대면이든 상황이 주어지는 대로 최선을 다했습니다. 우리 InCRC 아동인권교육훈련이 'One & Only'가 되기 바랍니다."

그 이후로 InCRC라는 우리 조직의 영문 로고 앞에 하나의 수식어처럼 그 키워드가 붙었다. 그래서 우리 조직이 'The One & Only InCRC'가 되었다.

한 걸음 더 들어가기

아동인권교육훈련을 퍼실리테이션한다는 것은 단순히 지식 전달이 아닌, 참가자들이 경험적 학습과 참여를 통해 스스로 깨우칠 수 있도록 돕는 교수법이다.[8] 이를 위해 퍼실리테이터는 참가자들이 능동적으로 학습하고 성장할 수 있도록 다음과 같이 환경을 조성해주어야 한다.

* 퍼실리테이터는 각 참가자들이 각자의 고유한 학습 스타일, 선호도 및 필요성을 가지고 있다는 것을 깊이 이해하고 적절히 대응한다.
* 아동인권교육 퍼실리테이터는 참가자들이 실전 활동, 토론 및 실생활의 시나리오를 통해 적극적인 참여가 이루어지도록 안내하고 촉진한다.
* 실제적인 연습과 그룹 상호작용을 통해 퍼실리테이터는 참가자들이 지식을 적용하고 주제에 대한 깊은 이해를 얻을 수 있도록 지원하고 이끈다.
* 퍼실리테이터는 참가자들의 생각을 자극하고 토론을 유도

---

8. 밥 파이크는 어떤 사실에 대해 머리로만 이해하는 것과 개인적인 경험을 통해 정서적 확신을 갖는 것은 큰 차이가 있다고 설명했다. Pike, B. (2004). 밥 파이크의 창의적 교수법(김경섭 외., 역) [원저, Creative Training Techniques Handbook, 2003]. 김영사.

하며 비판적인 사고를 촉진하는 방식으로 적극적인 참여를 장려한다.

 * 관찰을 기반으로 한 건설적인 피드백을 통해 참가자들의 강점과 성장할 부분을 인식하고 더 나은 성과를 추구하는 동기를 부여한다.

생각 나누기

 일상생활이나 일터에서 자기가 추구하고 몰입하는 일에 'One & Only'가 된다는 말은 무슨 뜻인가?
 자기 분야에서 'One & Only'가 되기 위해 필요한 것은 무엇일까?

생각 더하기

 다음 글은 'One & Only'가 무엇인지를 알려준다.

장자 '천도편'의 제나라 환공과 목수 이야기[9]

 환공이 대청 위에서 책을 읽고 있을 때 윤편은 대청 아래서 바퀴를 깎고 있

---

9. 장주. (2019). 장자: 낙천적 허무주의자의 길 (김갑수 역) [원저, 莊子, 기원전 4세기경]. 글항아리.

었다. 그는 망치와 끌을 내려놓고 대청으로 올라가 환공에게 물었다.

"외람되지만 전하께서 읽고 계시는 책은 무엇을 기록한 것입니까?"

환공이 대답했다.

"성인의 말씀이니라."

윤편이 다시 물었다.

"그 성인이 살아계십니까?"

환공이 대답했다.

"이미 돌아가셨다."

윤편이 말했다.

"그렇다면 전하께서 읽고 계시는 것은 옛사람의 찌꺼기와 껍데기일 뿐입니다."

환공이 말했다.

"과인이 책을 읽고 있는데, 바퀴 깎는 놈이 어찌 그에 대해 왈가왈부한단 말인가? 내가 납득하도록 설명한다면 무사하겠지만 그렇지 못하면 죽음을 면치 못할 것이다."

윤편이 해명했다.

"저는 제가 하는 일로 말씀드리겠습니다. 바퀴통의 구멍을 깎을 때 느슨하게 하면 헐렁해서 견고하지 못하고, 빠듯하게 하면 빡빡해서 들어가지 않습니다. 느슨하지도 않고, 빠듯하지도 않은 것은 손에 익고 마음이 그에 호응하여 가능한 것입니다. 입으로는 말할 수 없지만, 어떤 비밀이 그 사이에 있을 것입니다. 저는 그것을 저의 아들에게도 일러주지 못하고, 저의 아들 역시 저로부터 물려받지 못했습니다. 옛 사람들은 전해줄 수 없는 그 무엇과 함께 죽어버렸습니다. 그런즉 전하께서 읽고 계시는 것은 옛사람이 남긴 찌꺼기일 뿐입니다."

(김기석, '고백의 언어들' 114~115 페이지에서 재인용, 발췌)[10]

---

10. 김기석. (2024). 고백의 언어들. 복있는 사람.

퍼실리테이터의 입장(position)은 '중성'(neutral)[11]

아프가니스탄에서 태어난 한 소년이 있다. 이름은 아민. 저명한 정치가인 아버지와 따뜻하고 자애로운 어머니 슬하에서 티 없이 뛰노는 소년, 형제자매들의 다정한 돌봄을 누리며 사는 행복한 소년이다. 가끔 누나의 옷을 입어보기도 하고 여동생의 잠옷을 입고 밖에 나가 뛰어다니기도 한다. 음악을 좋아하는 활달한 성품의 소년이다.

어느 날, 아민의 아버지는 아프간이 러시아의 지배를 받는 사회주의국가체제로 전환된 현 정권에 반대하는 정치적 입장으로 인해 비밀경찰에 끌려가 다시 돌아오지 못한다. 아프간 사회는 불안해진다. 아민의 가족은 아프간 사람들이 가장 쉽게 비자를 받을 수 있는 러시아로 탈출한다. 고향에 집과 모든 것을 남긴 채 집을 떠나야 하는 슬픔과 아픔을 겪으며 러시아

---

11. 이 소년의 이야기는 2021년 개봉한 실화바탕의 덴마크의 애니메이션, 다큐드라마 영화 <나의 집은 어디인가? Flee>에서 다루어졌다. 감독은 요나스 포헤르 라르무센(Jonas Poher Rasmussen)이며, 아프간 출신 소년 아민이 덴마크 코펜하겐에서 성공한 학자가 되기까지 25년간의 시간을 담고 있다.

에 도착하지만 그곳의 삶 역시 자유롭지 못할 뿐 아니라 안전하지도 않다. 러시아 경찰들의 횡포가 심했고, 도처에 폭력이 난무했다. 현지인들은 난민 체류자들의 약점을 이용해 협박하고 돈을 빼앗고 차별대우와 착취를 일삼는다. 먼저 서구사회로 들어가 자리 잡은 친척의 자문과 안내로 아민의 가족들은 서구사회로 탈출하기 위해 물질과 에너지를 쏟으며 공을 들인다. 그러나 계속 실패하고 좌절한다. 아민 가족들은 다 함께 탈출하는 것이 매우 위험하며 성공 가능성이 거의 없음을 깨닫고 흩어져 각자 살길을 찾는다.

아민은 가족의 배려로 제일 먼저 밀입국을 돕는 브로커를 통해 스웨덴으로 가는 배에 숨어 밀항했다. 험난한 항해 끝에 도착해 보니 스웨덴이 아닌 덴마크의 코펜하겐이다. 영화에서는 아민이 어떻게 성공한 학자가 되는지에 대한 자세한 설명은 없다. 단지 미국에서 박사 학위를 받은 후 박사 후 연구원(postdoctoral researcher)과정을 밟는 것으로 설명된다. 덴마크에서 아민은 아프간 난민이라는 정체성 외에 자신의 성 정체성에 대한 문제도 스스로 제기한다. 영화에서 아민이 의사를 찾아가서 약 처방을 요청하는 장면이 인상 깊게 다가온다. 의사가 어디가 아픈지 묻자 아민은 "나는 남자인데 여성이 아닌 남성에 끌린다"며 "남자로서 남자를 좋아하는 내가 싫어 약을 처방받아

고치고 싶다"고 말한다. 아민의 말을 듣고 의사는 웃으면서 그건 약으로 고치는 질병이 아니라고 친절하게 설명한다.

　아민은 코펜하겐에 도착해 출입국 심사를 받을 때, 가족 모두 사망했고 자신만 홀로 남겨졌다고 진술하도록 브로커의 지시를 받는다. 아민은 어딘가에 살아있으리라 확신하는 사랑하는 가족이 모두 죽었다고 말하는 것에 죄책감을 느끼지만 어쩔 수 없이 거짓말을 하고 코펜하겐에 정착하게 된다. 아민은 난민이라는 정체성을 털어버린다. 자신의 잘못도, 질병도 아닌 성 정체성의 문제는 파트너를 만나 해결한다. 파트너가 장만한 아늑한 집에서 두 사람은 함께 산다. 그 집에 파트너와 함께 살면서 난민의 문제를 해결하고, 불안하고 떳떳하지 못했던 자신의 성 정체성을 가족과 세상에 알리며 어엿한 삶을 살게 된다. 인생의 파트너와 함께 하는 아민의 보금자리-국적, 인종, 피부색, 빈부, 지식의 많고 적음에 상관없이 한 인간의 존엄성을 존중받으며 차별받지 않고 평안을 누리며 살 수 있는 환경이 갖춰진 아민의 집-는 진정한 아민의 집이 되었다.

　인권을 퍼실리테이션하는 퍼실리테이터로서 다루어야 할 이슈는 다양하다. 퍼실리테이터가 살고 있는 사회가 가지고 있는 인권 이슈(local issues)가 있고, 그 사회가 속해 있는 지역이 지닌 인권 이슈(regional issues)도 있다. 조금 더 확장하여 전 세계가 가지고 있는 인권 이슈(global issues)도 있다. 국내에서 인권교육을 할 때는 자국의 이슈를 주로 다루며 그 이슈를 풀어낼 수 있는 역량을 키우는 교육을 시행한다. 이때 각각의 다루는 이슈에 따라 접근에 특별한 신중을 기하거나 지극히 조심해야 하는 이슈들이 포함된다. 종교 문제나 성 정체성 이슈를 다루게 될 때 특히 그렇다. 한국 사회에서는 오랫동안 성 문제를 다루는 것 자체가 금기시 되어왔다. 흔히 한국은 성적으로 보수적인 사회로 여겨지며, 성적으로 개방적인 서구 사회와 차이가 있다고 평가된다. 서구에서도 스웨덴, 노르웨이, 덴마크 등 북유럽 국가가 특히 성적으로 개방적인 나라로 여겨진다. 한국 사회에서는 성 소수자 이슈를 교육 주제로 삼는 것은 매우 조심스럽고 신중을 요한다. 왜곡되기 쉽고, 오해를 불러일으키기 쉬운 민감한 이슈이기 때문이다. 그럼에도 불구하고 성 소수자 문제는 인권 이슈에서 매우 중요한 사안이다. 퍼실리테이터는 아동인권을 퍼실리테이션하는 전문인으로서, 아동인권옹호가로서 어떠한 민감한 이슈를 접하더라도 중립(neutral position)을 지켜야 하는 사람이다.

교육 참가자들이 제시된 하나의 주제에 대해 토론을 통해 문제를 풀어갈 때 퍼실리테이터는 참여자들이 최상의 해결 방안으로 다가갈 수 있도록 장을 마련해 주고, 그들이 각자 자신의 답과 길을 찾아 태도를 정하도록 문을 열어주는 사람일 뿐임을 명심해야 한다. 그럼에도 불구하고 퍼실리테이터 역시 자신만의 의견, 가치관, 태도와 자세를 지니고 있는 것이 필요하다. 다만 자신의 가치관이나 신념이 기반이 된 자신의 생각을 내세워 토론을 이끌어 가서는 안 된다. 인권을 퍼실리테이션하는 퍼실리테이터는 성 소수자 이슈와 같이 민감하고 일반화할 수 없는 이슈나 주제에 대해서는 깊은 생각과 수많은 연구를 통해 전문적인 소양과 태도를 지녀야 한다. 전문서적은 물론, 관련된 연구 보고서 혹은 영화나 도서를 통해 현장감 있는 접근을 할 수 있도록 자신을 훈련해야 한다. 나와 생각이 다른 사람들을 판단하거나, 옳고 그름으로 교육 참가자들을 판단하려는 것이 아니라 퍼실리테이터로서 전문적인 소견을 반드시 지녀야 하기 때문이다. 그러나 그 전문성을 고집하여 그룹을 자기 생각 쪽으로 이끌어서는 안 된다. 사람마다 깨우침의 시기가 다를 수 있다. 서로 다른 의견을 수렴하고 깊이 생각해 스스로 신중한 판단과 결정을 내릴 수 있는 장을 마련해 주는 것이 퍼실리테이터의 역할이다. 퍼실리테이터는 누구의 편을 드는 사람이 아니다. 냉철하게 중립을 지키며, 모든 그룹의 구성원들에게 차별 없이 접근해 갈 수 있는 넉넉한 품으로 역량을 발휘하는 사람이다. 그래야 교육훈련 과정에서 참여자들의 토론과 토의에 적절하고 유익한 피드백을 통해 진정한 깨우침을 줄 수 있기 때문이다.

코로나 시대를 맞아 극도로 제한했던 영화관 출입을 다시 시작한 것은 2022년 4월 7일로 아프간 난민이며 성 소수자인 아민의 이야기를 담은 영화 '나의 집은 어디인가'가 개봉된 날이다. 평소 자주 찾는 영화관에서 이 영화를 보았다. 러닝타임이 89분인 영화인데, 관람객은 나를 포함에 3명에 불과했다. 영화 관람 후, 긴 산책을 하면서 영화의 내용을 소화했다. 집에 돌아와서 8개의 질문지를 작성했다. 같은 영화를 같은 영화관에서 관람하더라도, 관객들의 영화에 대한 감상은 다를 수 있다. 주인공 아민을 바라보는 관점도 서로 다를 것이다. 나는 이 영화를 주제로 아동인권교육훈련 콘텐츠를 구상했다. 우리 모두가 깊이 생각하고 고민해 볼 주제로 유익한 교육이 될 수 있겠다고 생각했기 때문이다.

한 걸음 더 들어가기

　퍼실리테이터에게는 탁월한 역량과 다양한 능력이 요구된다. 성품에 속하는 능력도 있고 자질에 속하는 능력도 있다. 성품은 인격과 관련된 능력인데, 퍼실리테이터에게는 성실함, 신뢰, 정직, 순화된 언어 표현력, 열린 마음과 자세 등이 필요하다. 또한 퍼실리테이터에게는 경청, 통합 능력, 직관력, 통찰력, 시간 조정력, '중립적'이고 '객관적'인 사고 능력 등의 자질이 요청된다.

생각 나누기

　영화 '나의 집은 어디인가?'는 '비차별' 문화를 조성하고 '다양성 존중'의 가치를 실천하기 위한 교육훈련 자료로 활용될 수 있다. 영화 관람 후, 퍼실리테이터는 상세한 안내와 촉진 활동을 통해 교육 참여자들이 느낀 점이나 생각을 자유롭고 진솔하게 나누게 함으로써 아동인권감수성을 높일 수 있다.
　영화 감상 후, 비차별 문화를 조성하고 다양성 존중의 가치를 실현하기 위한 목적을 가지고 영화에 대한 느낌과 생각 등을 나눌 수 있는 심층적인 질문 다섯 가지를 만들어 보자.

어떤 질문을 통해 교육 참여자들이 자신의 관점이나 인권감수성을 성찰해보고 서로 다른 관점이나 새롭게 깨달은 점을 이야기할 수 있을까?

생각 더하기 ➕

내가 영화의 주인공 아민의 엄마라면, 아빠라면, 형이라면, 누나라면, 아민을 어떻게 대했을까? 솔직하고 깊이 생각해 보고 함께 나누자.

영화 속에서 주인공 아민의 엄마와 형제들은 아민을 어떻게 대했는가? 그들의 태도를 보며 무엇을 느꼈나?

아민이 자신이 병에 걸렸다고 생각하고 병원을 방문하여 의사에게 약 처방을 부탁하는 모습을 보고 어떤 생각을 했나?

우리는 자신과 성 지향이 다른 사람, 친구, 가족, 이웃을 어떻게 대해야 할까?

지나치게 부모가 되려 하지 말라[12]

오늘 엄마는 딸의 담임선생님 전화를 받았다. 아이가 미술 시간에 준비물을 가져오지 않았다고 한다. 다른 아이들은 모두 챙겨 왔는데 내 아이만 준비물을 가져오지 않았다는 것이다. 왜 준비물을 가져오지 않았는지 물으니 "엄마가 챙겨주지 않아서"라고 대답해서 전화했다고 한다. 엄마는 민망한 마음에 "죄송하다"고 말씀드린 뒤, 생각에 잠겼다. 뭐가 잘못된 건지 당황스럽다.

'내 아이는 초등학교 4학년이다. 이제 자신이 할 일은 스스로 했으면 좋겠는데 아직도 내 손이 많이 간다. 학교숙제, 준비물 챙기기, 밥 먹기 등 일상의 기본을 스스로 하기 보다는 모두 엄마가 챙겨줘야 겨우 넘어간다. 왜 이렇게 되었을까? 누구의 잘못일까?'

---

12. 미국의 시인이자 사상가, 랄프 왈도 에머슨(Ralph Waldo Emerson)의 명언으로 알려졌으나, 그의 책이나 강연에서 정확히 일치하는 표현을 찾을 수는 없어 그의 철학에 영감을 받아 후대에 만들어진 것으로 유추된다.

국제아동인권센터에서는 퍼실리테이션 교수법으로 아동인권교육훈련을 진행하는데 성인을 대상으로 하는 교육훈련 과정에서 아동 양육 문제는 큰 비중을 차지한다. 자녀를 양육하는 부모를 포함해 아동을 위해서 아동과 함께 일하는 시설 종사자와 교육기관의 교사를 대상으로 진행한다. 특히 양육의 어려움을 느끼는 교육 참여자를 위해 아동인권과 양육에 관련된 지식과 정보, 기술을 바탕으로 양육 태도에 변화를 이끄는 것을 목표로 진행한다. 위의 사례는 '아동인권에 기반한 양육 태도'를 퍼실리테이션하면서 토의 자료로 활용된 사례다. 교육 참여자들은 제시된 사례를 소그룹으로 함께 분석한다.

아동 양육은 평범하면서도 비범하고, 쉬운 것 같으면서도 상당히 어려운 과제다. 난해한 문제를 쉽게 풀어낼 수 있는 적절한 사례를 찾아 분석하는 활동을 통해 쉽고 재미있으며 유익한 배움이 되도록 안내하고 촉진한다. 미술 시간에 엄마가 준비물을 챙겨주지 못해 아이가 겪은 상황을 다룬 사례가 토의 주제로 선정되었다. 사례 분석의 틀은 참여자들에게 생각할 거리를 제공하고, 제시된 문제에 대해 각자의 경험과 지식 등을 바탕으로 의견을 공유하고 토의할 수 있도록 여섯 개의 물음이 담긴 질문지를 활용한다. 토의 진행은 민주주의 참여식 방식으로 모든 의견을 경청하고 존중하는 자세로 토의에 임하도록 이끈다.

아동인권침해 사례를 분석할 때, '사례분석 6 Questions'로 문제 분석 틀을 제공할 수 있다. 첫 번째 단계에서는 권리주체자인 아동의 어떤 권리가 침해되었는지를 찾는다. 두 번째 단계는 침해가 일어난 이유로서 눈에 보이는 현상적인 원인과 근원적인 원인을 찾는다. 세 번째 단계에서는 아동의 인권을 보호·존중·실현할 책임을 수행해야 하는 의무이행자를 찾는다. 네 번째 단계에서 문제를 해결할 방안을 모색한 후, 다섯 번째 단계에서 다양한 의무이행자들 중 특히 어떤 의무이행자와 함께 협력하여 문제를 풀 수 있을지를 논한다. 마지막 여섯 번째 단계에서는 아동의 인권을 옹호하는 전문가들은 무엇을 해야 하는지 전문가의 구체적인 책무 이행을 통해 지속 가능한 대안을 모색해 보는 과정을 가진다. 사례분석 과정에서 많은 논의와 토론이 이뤄진다. 아동인권의 관점에서 사례를 볼 때 아동의 어떤 권리가 침해 되었는지 분명히 파악할 수 있다. 아동의 어떤 권리가 침해되었는지 제대로 보아야 원인 규명 단계로 나갈 수 있다. 왜, 누구로 인해 권리가 침해되었는지 규명하게 되면 책임을 져야할 의무이행자가 보이고 해결 방안도 수면 위로 떠오르게 된다.

아동인권침해 사례를 분석할 때엔 아동의 어떤 권리가 침해되었는지를 보는 눈이 필요하다. 민감한 아동인권감수성이 요청되는 이유다. 일반적으로 잘 보이지 않는 아동권리의 침해 상황이 보여야 문제를 풀 수 있기 때문이다. 만일 이 사례를 분석할 때 문제의 원인을 "엄마가 챙겨주지 않아서 아동이 준비물을 챙겨가지 못한 것"이라고 한다면 문제 해결방안은 간단하다. 엄마가 다음엔 실수 없이 꼭 챙겨주면 된다. 그러나 아동인권침해와 관련된 문제해결은 그렇게 단순하지 않다. 엄마가 챙겨주지 않은 것이 현상적인 직접 원인이라면, 엄마가 과거에 늘 챙겨준 것이 근본적인 문제가 될 수 있다. 사례를 자세히 읽어보면, 엄마는 "아이가 이젠 스스로 챙길 때도 되었다"고 말한다. 그러나 숙제, 밥 먹기, 준비물 챙기기 등 스스로 챙겨야 하는 아이의 일상생활의 기본을 스스로 하도록 이끌고 촉진해 주는 과정을 거치지 않고 늘 챙겨만 주는 엄마의 모습이 있다. 엄마는 아동의 발달 단계와 발달 특성을 이해하고 있는 것으로 보인다. 그러나 아동이 스스로 해야 할 일을 하지 않을 때 양육자가 어떻게 아이에게 적절한 정보를 주고 안내해 주어야 하는지 깊이 생각하지 못한 것 같다. 다양한 이유가 예상된다. 너무 바빴거나, 관찰이나 생각이 부족했거나, 양육에 관한 정보와 지식이 부족했기 때문일 수 있다.

이탈리아의 의사이며 교육자인 마리아 몬테소리는 "아동은 내재적으로 자기완성의 욕구를 지니고 있다. 그 내재된 아동의 잠재능력을 존중하고 지원하는 교육 환경 조성이 필요하다"고 말했다.[13] 그 환경의 조성은 부모와 교사 등 아동을 위해 아동과 함께 일하며 함께 살아가는 우리 모두의 몫이다. 위 사례에서는 엄마가 아이의 잠재력을 인정하고 스스로 해낼 수 있도록 자극을 주며 적절한 환경을 만들어 주고 기다려 주는 과정이 부족했던 점이 근본적인 원인(root cause)으로 분석될 수 있다. 아동이 스스로 할 수 있도록 기회를 주고 기다려 주지 않는 것은 아동이 성장 할 수 있는 기회를 빼앗는 것이 된다. 그것은 아동의 '발달권'이 보장되지 못한 것으로 간주된다. 엄마와 아이의 기질이나 성품의 다름으로 인해 발생한 문제라면 다름을 인정하고 존중하며 서로 맞추어 나가는 노력이 필요하다. 만일 지금이라도 아이의 잠재능력과 진화하는 발달능력(evolving capacity)을 고민한다면 엄마와 아이가 함께 이번의 실수를 교훈 삼아 변화를 만들어야 할 적기임을 인식하면 된다. 일상이 너무나 바쁜 엄마는 아이가 스스로 뭔가를 해낼 때까지 기다리기엔 시간이 촉박해 앞서가며 성급하게 챙겨

---

13. Hebenstreit, S. (2005). 참교육자 마리아 몬테소리(이명아 역) [원저, Maria Montessori, eine moderne Heilige, 1999]. 문예출판사.

줌으로써 그 패턴이 아이의 습관이 되었을 수 있다. 이럴 경우 아이는 자신이 해야 할 일을 엄마의 일로 생각할 수 있다.

사례를 분석하다보니 오래전에 있었던 일이 떠올랐다. 이웃하여 친하게 지냈던 한 가정에 있었던 이야기다. 중년을 넘어선 부부에게 예기치 않게 늦둥이가 태어났다. 너무 사랑스럽고 소중한 딸이어서 학교에 입학하자 매일 엄마가 책가방을 챙겨 들고 아이와 함께 등교했다. 아이가 2학년이 된 학기 초 어느 날 비가 왔다. 엄마가 아이를 깨우며 빨리 일어나서 학교에 가자고 했다. 아이는 "비가 오니 오늘은 엄마 혼자 가세요"라고 했단다. 오래 전에 있었던 이야기지만 실화다. 아이는 자기가 왜 매일 학교에 가는지 몰랐던 것 같다. 엄마가 가자니까 따라 다닌 것이다. 그러니 비도 오고 가기 싫으니 엄마만 가라는 것이다. 정말 주객이 전도되었다. 미술 시간에 준비물을 챙기지 못한 아이가 "왜 준비물이 없냐?"는 선생님의 물음에 "엄마가 챙겨주지 않아서"라고 답한 것 역시 주객이 전도된 것이다.

마리아 몬테소리는 아동기를 사는 아동을 이해하고 지극히 사랑하며 존중한 아동인권옹호 선구자다. 그는 "아동에게는

'자기완성'에 대한 경향이 내재되어 있다. 아동은 어른에 의해 만들어지는 것이 아니라 스스로 만들어져 간다"고 말했다. 몬테소리 교육학의 원칙은 '독립성'이다. 자녀를 양육하는 부모에게 가장 필요한 것은 관찰과 기다림이다.[14] 적절한 때에 적절한 안내와 정보를 주어 아동이 스스로 길을 찾아가도록 안내해야 한다. 아동에게 정보와 안내가 제공되어야 할 때를 놓치지 말고, 가장 적절한 시점에 아이의 준비상태에 맞는 맞춤형 안내와 정보를 제공해야 한다. 그것이 아동의 최상의 이익에 부합하는 아동 양육에 대한 부모의 사고방식과 태도가 되어야 한다. 국제아동인권센터는 이러한 일련의 과정을 퍼실리테이션 교수법으로 교육하고 훈련한다.

한 걸음 더 들어가기

마리아 몬테소리(Maria Montessori)는 이탈리아 최초의 여자 의사이자 아동의 자기완성과 발전을 위해 혁신적인 교육방법을 개발한 교육자이다. 몬테소리는 아동이 자기완성에 대한 욕구를 지니고 있다고 믿었으며 이를 존중하고 지원하는 교육

---

14. 정이비(2014). 마리아 몬테소리, 관찰의 즐거움: 스스로를 창조하는 아이들을 만나는 시간. 한울림

환경의 조성이 필요하다고 주장했다. 아동을 관찰하면서 아동들이 탐구, 자기조절, 자기표현, 독립성 등을 통해 자아를 발견하고 발전시키는 것을 확인했다. 몬테소리의 교육방법은 아동에게 자기 주도적인 학습과 성장의 기회를 제공하며 그들이 자기 능력을 발휘하고 자기의 가치를 실현할 수 있는 환경을 조성한다. 이는 아동이 자신의 역량을 탐구하고 개발하며 자신의 관심과 호기심에 따라 경로를 선택할 수 있게 돕는 것을 의미 한다.

생각 나누기

학교 근처 아파트촌의 아침 풍경이 특이하다. 단지 근처 작은 공원을 지나면 초등학교다. 아파트와 학교 사이의 건널목에는 녹색학부모회 회원들이 매일 아침 아이들이 안전하게 횡단보도를 건너도록 안내하고 있다. 등굣길에는 할머니, 할아버지, 엄마, 아빠 등 누군가가 아이들의 가방을 들거나 메고 함께 학교 문 앞까지 동행하는 모습을 볼 수 있다.

초등학교에 입학할 나이가 되었다는 것은 아이 혼자 걷고, 뛰고, 자신의 책가방 하나쯤은 들고 갈 수 있는 나이가 된 시기를 말한다. 나는 출근할 때 늘 등교하는 초등학교 아동들과 그들의 보호자들 틈에 섞여 걷는데, 솔직히 그들의 모습에서 아동의 안전이 보장되어 안도하기보다는 답답함을 느낀다. 아이들의 성장을 방해하는 어른의 모습을 보는 것 같아서이다. 여러분은 이 상황을 어떻게 생각하는가?

생각 더하기 ➕

폴란드의 교육자이자 철학자, 문학가, 소아과 의사이며, '고아의 아버지'로 불리는 야누쉬 코르차크(Janusz Korczak)는 진정으로 아동을 존중하는 아동인권옹호가다. 그는 늘 아동의 편에 서 있었고 아동과 함께 살다가 아동과 함께 세상을 떠났다.

그는 "아동은 어린 나이에 죽을 권리가 있다"(The Right to Die Prematurely.)[15]라고 했다. 아동을 양육하는 부모나 보호자들이 놀라고 오해하기도 하는 말이다. 이 말은 아동에게 자살할 권리가 있다는 말이 아니다. 아동이 자기결정권과 선택권을 행사해야 할 때, 아동의 미숙한 결정을 두려워하는 양육자들은 안전을 내세워 아동의 모험할 권리, 성장할 권리를 제

---

15. Lifton, B. J. (2020). 아이들의 왕 야누시 코르차크 (홍한결 역) [원저 The King of Children: The Life and Death of Janusz Korczak, 1988]. 양철북.

한하거나 침해할 수 있다. 그러나 실수와 위험을 감내할 수 있는 자유 또한 아동의 온전한 권리임을 인식할 필요가 있다.

    코르차크의 말은 그런 부모나 보호자에게 던진 권면이다. 아동을 과잉보호하려는 부모로부터 아동을 자유롭게 하여 건강한 발달과 성장을 통한 성숙한 인격체를 지향하게 하려는 격려의 말로도 이해할 수 있다. 자기가 선택하고 자기가 결정한 일로 인해 어려움을 당할 수 있다. 그러나 아동들로 하여금 그런 실수나 실패를 딛고 일어서는 힘을 키우게 하고 싶은 것이 야누쉬 코르차크의 소망이다.

변화를 촉진하는 사람
(Change Agent)

 스티브 잡스의 '인간 존재 이유'(raison d'etre)에 대한 글이 도전이 된다. 그는 "인간이 세상에 태어난 이유는 '조그만 변화'라도 주기 위함"이라고 말했다. 변화를 만드는 것이 바로 인간의 존재 이유라는 것이다. 잡스 자신은 세상에 큰 변화를 남기고 떠난 사람이다. 잡스는 한 사람이 만드는 아주 작은 일이라도 우주에 변화를 준다면 그 사람은 존재 가치를 실현한 것이라고 했다. 이 땅에 태어난 인간은 누구나 자신이 지닌 가치를 실현하길 원하고 자신이 속한 사회가 더 나은 삶의 터전이 되길 바란다. 무엇으로 어떻게 가치를 실현하고 보람된 삶을 살 수 있을까? 인간이 가치를 실현하고 세상에 변화를 주며 삶의 의미를 부여하는 길은 아주 작고 평범한 일을 통해서도 가능하다고 믿는다.
 인간은 '일하는 존재'다. 어떤 일을 하든 거대한 우주에 작지만 선한 영향력을 미친다면 기쁜 일이다. 인간 누구에게나 자신에게 맡겨진 크고 작은 일이 있다. 그 일을 성실하고 즐겁게 해낸다면 인간으로 태어난 보람을 느끼며 살 수 있다. 일을 사랑하고 일을 기뻐하는 태도가 인간의 인간됨을 의미하는 것이다. '일과 영성'이라는 책을 쓴 팀 켈러 목사는 "일은 소명"이라고 말한다.[16] 일이란 '단순한 밥벌이'나 '자아실현의 수단'이 아니라는 것이다. 인간은 노동하도록 창조되었고, 지위나 급여 등과 상관없이 일은 인간에게 존엄성을 부여한다. 사람들이 세상에서 하는 일은 다양하다. 일하는 곳도, 방법도 다르다. 물론 일하는 목적도 다르다.

나는 현재 국제아동인권센터에서 동료들과 함께 일한다. 우리가 하는 일은 '가장 작은 자의 삶에 변화를 일으켜 그들이 살기에 더 나은 환경을 만드는 일'이다. 이것이 우리의 소명이며 사명이요 꿈이다. 인간으로 태어나서 하고 싶은 일이 있고 그 일에 열정을 다할 수 있는 건 행운이다. 동료들과 함께하는 그 일을 더 잘하기 위해 자신을 성찰하고 일의 전문성을 높여 사회에 기여하고자 깊이 연구하며 한 단계씩 성장해 갈 수 있는 것은 축복이다. 이 세상 모든 일이 의미 있고 소중하다. 열심

---

16. Keller, T. (2013). 일과 영성: 인간의 일과 하나님의 역사 사이의 줄 잇기 (최종훈 역) [원저, Every Good Endeavor: Connecting Your Work to God's Work, 2012]. 두란노서원.

히 일하지만 그 일의 목적을 어디에 두느냐에 따라 가치 실현의 의미는 달라진다. 모든 활동 성취의 중심이 나(자아)에게 있는지, 아니면 누군가를 또는 이웃을 향하고 있는지에 따라 일의 가치는 달라진다. 우주에 조그만 변화라도 줄 수 있는 활동이 '나' 중심의 이익과 꿈의 실현인지 아니면 더불어 살려는 이웃에게, 그중에서도 가장 작은 이웃에게로 향하고 있는지 매일 점검해 볼 일이다.

국제아동인권센터의 사명과 꿈은 '가장 작은 자를 위한 보다 나은 세상 만들기'이다. 우리는 이 사명을 이루기 위해 일한다. 우리가 기획하고 진행하는 활동 중에 가장 중요한 일은 역량 있는 '변화 촉진자'를 양성하는 것이다. '아동인권옹호전문가 양성 과정', '아동인권교육훈련 강사양성 과정', '아동인권옹호가 역량 강화 사업', '아동인권친화환경 컨설팅 사업' 등의 서로 다른 이름의 사업을 참여식 민주주의 접근법으로 퍼실리테이션한다. 사업의 명칭은 다를지라도 기관에서 시행되는 활동의 목적은 모두 같다. '아동인권친화환경' 조성으로 사회의 참 변화를 이루는 것이 우리 사업 활동의 궁극적인 목적이다. 이를 성취하기 위해 우리와 함께 이 사명을 감당할 더 많은 사람들의 참여를 증진하는 것이 우리의 일이다. 우리와 함께 일하게 될 사람이 사업의 전 과정을 마치고 가장 작은 자 중의 작은 자인 아동을 위해, 아동과 함께 일하면서 그들을 지키고 세우는 '옹호가'로 혹은 '강사'로 혹은 '훈련가'로 양성되면 우린 그들을 퍼실리테이션을 통해 변화를 만드는 '변화 촉진자'라고 부른다. 그들은 우리의 동반자가 되어 같은 목적을 향해 함께 일하며 성장한다.

최근 '변화 촉진자'를 양성하기 원하는 지방자치단체가 늘어나고 있다. 한국 사회 전반으로 아동인권을 주류화하는 운동이 점진적으로 확산되고 있다. 유니세프가 시작한 아동친화도시 인증제도가 전국적으로 확산되고 있으며 국제아동인권센터는 '변화 촉진자' 양성에 기여하고 있다. 그동안 우리는 아동인권강사양성 과정을 의뢰하는 지자체와 함께 100시간 과정의 '워크숍'을 통해 아동인권교육훈련 강사를 양성해 왔다. 국제아동인권센터가 양성하는 옹호가 혹은 훈련가를 우리는 모두 변화 촉진자, 즉 '변화를 이끄는 퍼실리테이터'라고 부른다. 교육훈련의 전 과정이 민주주의 참여식으로 진행되기에 퍼실리테이터는 단순히 지식과 정보를 전달하는 강사가 아니다. 100시간의 전 과정을 학습자들과 함께 아동인권에 대한 지식과 정보를 공유하고 그것이 삶의 현장에 적용되고 내재되어 학습 참여자의 생각과 자세, 태도에 변화가 일어나도록 돕고 있다. 참여자가 공유된 지식과 정보를 앎으로 축적하는 것으로 끝나지 않고 반드시 변화를 이끌어내도록 한다.

한국 공교육의 오랜 전통적 방법인 주입식 교육 방법과 달리 학습자가 능동적으로 참여해 토론과 질문, 답을 하며 현장에서 상호 존중의 자세와 타인의 의견을 경청하는 능력을 배우고 깨우치는 훈련의 장이 되도록 한다. 이런 훈련 과정을 통해 아동인권감수성이 향상되고 민감성이 높아지는 경험을 하게 된다. 그때부터 다른 사람의 생각과 태도, 자세에 변화를 이끌 능력이 생겨 역량 있는 아동인권옹호가로 성장하게 된다.

2022년 7월 15일, 우리는 100시간 아동인권교육훈련 강사 양성 과정을 마친 16명의 변화 촉진자가 태어나는 것을 보는 기쁨을 누렸다. 광주광역시와 광주 평생교육진흥원의 지원으로 운영된 광주 아동인권교육훈련 강사양성 과정을 통해 광주의 아동인권교육훈련 강사들이 배출되었다. 우리는 이들을 위한 수료식과 강사 위촉식을 가졌다. 광주지역 일간지는 지역사회에 새롭게 탄생한 변화 촉진자인 아동인권강사들을 축하하며 지역사회에 널리 알리는 기사를 게재했다.

"16명의 변화 촉진자를 광주광역시 어린이·청소년 인권강사로 위촉하면서 진흥원 김이겸 원장은 '위촉된 강사들이 광주를 모든 아동이 살기 좋은 어린이·청소년 친화도시로 조성하는데 기여할 것으로 기대된다. 진흥원은 지역사회 곳곳에 아동존중의 가치가 확산되도록 강의 활동 지원을 위해 더욱 땀을 흘리겠다'고 말했다. 또한 위촉식에서 교육 운영을 담당한 김인숙 국제아동인권센터 소장은 격려사를 통해 '아동인권교육 강사이자 시민 아동인권옹호가로서 지역 내 인권문화 확산에 이바지하길 바란다'고 말했다."(국민일보 2022.07.18.).[17]

국제아동인권센터가 전국의 여러 지자체에서 강사양성사업을 진행하고 있지만 이번처럼 지역 사회가 많은 관심을 보이고 언론이 기사를 작성해 지역 주민의 아동인권 인식 증진에 기여하는 일은 흔치 않은 일이어서 보람을 느끼며 진심으로 감사했다.

한 걸음 더 들어가기

퍼실리테이션은 참여적 학습과 협력을 통해 그룹 내에서 지

---

17. 장선욱. (2022.07.18.). 광주평생교육진흥원, 아동인권교육강사 16명 위촉. https://www.kmib.co.kr/article/view.asp?arcid=0017287308&code=61121111&sid1=soc&sid2=0002

식의 교환과 문제 해결을 촉진하는 과정이다. 이 과정에서 중요한 핵심 키워드는 '참여', '협력', '공감'이다. 퍼실리테이터는 모든 교육 참가자가 의견을 자유롭게 표현하도록 격려하며, 그룹 내에서 상호 작용을 촉진하는 역할을 한다. 퍼실리테이션은 정보의 전달, 기술의 습득, 태도의 변화를 도모하며, 이를 통해 참가자들은 자신의 생각을 확장하고 새로운 관점을 개발할 수 있다.

생각 나누기

퍼실리테이션 과정에서 가장 큰 도전은 '어떻게 모든 참가자를 적극적으로 참여시키고 그들의 창의적 아이디어를 끌어낼 수 있는가'이다.

참가자들이 자신의 의견을 자유롭게 표현하도록 동기를 부여하기 위해 어떤 전략을 사용할 수 있을까?

다양한 배경을 가진 참가자들의 차이를 어떻게 고려하고 통합할 수 있을까?

퍼실리테이션 중에 발생할 수 있는 갈등을 어떻게 효과적으로 관리할 수 있을까?

생각 더하기 ➕

　퍼실리테이션을 향상시키기 위해 먼저 다양한 커뮤니케이션 기술을 배우고 익히는 것이 필요하다. 예를 들어, 비언어적 신호를 읽고 반응하는 방법, 효과적인 질문 기법 그리고 적극적인 경청 등이 포함된다. 또한, 창의적 사고를 촉진하기 위해 동료들과 브레인스토밍 세션을 정기적으로 가지고, 사례 연구를 통해 실제 사례를 분석하여 학습하는 것도 중요하다. 마지막으로, 갈등 해결 전략을 학습하여 퍼실리테이션 과정에서 발생할 수 있는 다양한 상황을 효과적으로 관리할 수 있어야 한다. 이러한 지식과 기술은 퍼실리테이터가 효과적으로 그룹을 이끌고, 모든 참가자가 참여하고 성장할 수 있는 환경을 조성하는 데 도움이 된다.

전문 퍼실리테이터의
자질과 역할

아동인권교육훈련을 퍼실리테이션한다는 것은 아동인권이라는 주제를 쉽게 풀어 널리 알리기 위한 실천 접근을 가능케 하는 교수법을 말한다. 퍼실리테이션 교수법에서 아동인권에 관한 지식과 정보 전달은 기본이고 필수다. 아동인권을 퍼실리테이션할 때는 전략적으로 지식과 정보의 양을 최소화해야 한다. 퍼실리테이션을 통해 지식과 정보가 충분히 이해되어 기술적인 내재화 과정을 거치면서 생각과 마음, 행동의 변화를 이끄는 것이 담보되어야 한다.

아동인권 퍼실리테이션에서는 아동인권 관련 지식과 정보를 쉽고 정확하게 전달하는 것이 관건이다. 퍼실리테이터는 자신의 지식을 내세움으로 권위를 세우지 않는다. 퍼실리테이터는 자신이 숙지하고 있는 지식과 정보의 양을 적절히 조절해 참여자들이 습득하는 지식과 정보를 바로 내면화하도록 그들을 쉽고 흥미로운 활동으로 이끈다. 퍼실리테이터가 지식과 정보의 깊이 있는 내용과 숨겨진 의미를 숙지하지 못하면 지식과 정보를 내면화하는 연결고리를 찾아 적절한 활동을 제시하기 어렵다. 지식과 정보의 내면화를 목적으로 의도된 활동에서는 지식과 정보의 개념이 자연스럽게 활동으로 연계되도록 프로그램이 고안돼야 한다. 이렇게 활동으로 연결할 수 있는 기술은 현장 경험으로 숙달되고 경륜이 쌓인 퍼실리테이터의 통찰과 인권에 대한 민감성으로 발현된다.

퍼실리테이터는 명확하게 전달한 아동인권 관련 지식과 정보를 학생이 충분히 이해했는지 확인한 후 다음 단계인 활동으로 안내한다. 이때 활동은 앞서 전달된 아동인권의 개념과 지식, 정보를 적용하기 위한 활동으로 사례나 이야기를 읽고 분석하면서 그룹원 간의 토의로 이어진다. 이때가 아동인권 퍼실리테이션 과정에서 가장 중요한 시점으로 자유로운 토의 과정에서 '인권을 통해' 배우는 훈련의 장이 펼쳐진다. 퍼실리테이터는 참가자들이 능동적이며 적극적으로 활동에 참여할 수 있는 환경을 만들고, 그룹별 토의가 원활하게 진행될 수 있도록 활동 중 고려해야 할 사항을 알린다. 토론은 민주주의 참여식으로 진행되며 누구나 자신의 견해를 표현하고 설명할 기회를 가질 권리가 있음이 고지된다. 그룹 구성원이 자신의 의견과 다르거나 주제에서 벗어난 의견을 제시한다 해도 경청하며 그것이 어떤 의도로 제안된 의견인지 이해하기 위해 묻고 확인하며 인내하고 기다려 주는 훈련도 함께 이뤄진다.

토의나 토론 시간에는 모든 참가자가 서로의 이야기를 끝까지 경청하는 것이 기본 규칙이고 약속이다. 이는 '경청하는 능력'을 키우는 훈련과정이기도 하다. 그룹 토의는 민주주의 참여식 소통과 상호작용의 기술을 훈련하는 매우 중요한 활동이다. 퍼실리테이터는 그룹 활동을 통해 얻어지는 결과물이 기대하는 내용에 미치지 못하더라도 그 토의가 사고의 폭을 확장시키며 상대방을 통해 배우고 깨우치는 기회를 제공할 수 있음을 강조하며 격려한다. 그럼으로써 다음번 활동에서 더 나은 결과를 스스로 만들 수 있게 학생들을 촉진하는 것이 퍼실리테이터의 역할이다. 퍼실리테이터는 전문 지식이 많고 노련한 기술을 지녔다 해도 교육 참여자들의 토의 과정이나 발표 때, 자신의 의견을 정답인 듯 주장하는 일은 삼가야 한다. 그것은 퍼실리테이터의 역할이 아니다. 학생들이 그룹 토의를 할 때 그리고 토의 후 결과물을 발표할 때 퍼실리테이터에게 필요한 자질과 역할은 경청하는 것이다. 퍼실리테이터는 귀로만 들을 뿐 아니라 마음과 몸을 다해 경청해야 한다. 경청을 통해 퍼실리테이터는 적절한 피드백을 준비할 수 있기 때문이다.

참가자의 발표 후, 퍼실리테이터는 발표한 그룹이나 경청한 그룹원에게 명료화가 필요한 부분에 대해 질의응답 시간을 갖도록 한다. 이때 질문자나 의견을 제시하는 사람은 공격하거나 지적하는 태도를 취하지 않고 자신이 이해한 바를 설명하는 한편, 명확하게 이해하지 못한 부분에 대해 질문하거나 확인한다. 발표자의 설명이나 답변을 듣는 것 역시 경청의 과정이다. 교육 참가자들 간의 진지한 소통은 발표자에게 자신감을 준다. 소통을 통해 그룹 토의 결과물에 대해 평가하며 만족감을 표시하기도 한다. 때로는 질의응답 과정을 통해 미처 깨닫지 못했던 부분을 명료하게 이해하게 될 수 있기에 긍정적인 교육성과를 이끌게 된다. 서로 같은 사례를 분석하거나 토의한 경우에는 참여한 모든 그룹이 차례대로 발표한 후, 퍼실리테이터는 그룹 모두에게 해당되는 피드백을 먼저 준 뒤에 그룹별 발표 내용에 대한 개별 피드백을 준다. 퍼실리테이션에서 지식과 기술은 매우 중요하지만 참여자들이 그 지식과 기술을 이해하는 수준을 넘어 내재화할 수 있도록 발전되어야 한다. 퍼실리테이터에게 경청하는 태도와 자세는 머리로 배운 지식과 정보가 현장에서 실현되도록 하는데 필수적인 자질이며 경청 자체가 전문성이라고 할 수 있다. 경청의 자세로 전문성을 발휘하는 데서 퍼실리테이터의 성품이나 인격이 드러나게 된다.

전문 퍼실리테이터에게 많은 지식과 정보, 기술의 습득은 필수요소다. 그러나 그것들보다 근본적으로 요청되는 자질은 인간다운 성품을 지닌 고양된 인격을 갖추는 것이다. 아동인권 퍼실리테이터에게 겸손은 그야말로 기본적 자질이다. 퍼실리테이터는 겸허한 자세로 일하면서 평생 배움에 대한 열정을 지닌 사람이어야 한다. 다른 사람을 변화시키는 변화 인자의 역할을 하기 위해서는 먼저 자신이 '변화된 사람'이어야 한다. 퍼실리테이터가 아무리 경험 많고 경륜 있는 전문가일지라도 매일 자신을 돌아볼 줄 아는 '자기성찰의 달인'이어야 한다. 무엇보다도 교육훈련의 전 과정에서 강조하고 주장하는 '가치 체계'를 자신의 행동, 언어, 자세, 태도에 그대로 내재화하여 교육훈련장에서 반영하고 적용하는 사람이 되어야 한다. 또한 퍼실리테이터는 언행일치의 인격자여야 한다. 가르치는 내용과 행동이 일치해야 한다. 결국 퍼실리테이션 교수법으로 아동인권교육훈련을 진행하는 퍼실리테이터는 '자신을 낮춰 교육생들과 동등한 수평관계를 유지하며, 비차별적이고, 일관된 언행의 성품과 자질을 지닌 인격자'가 되어야 한다.

한 걸음 더 들어가기 🚶

아동인권교육을 퍼실리테이션하는 과정에서는 정보와 지식의 깊이 있는 내용을 효과적으로 전달하고 내면화시키는 것이 중요하다. 퍼실리테이터는 자신이 숙지한 정보를 참가자들이 쉽게 이해하고 흥미를 느낄 수 있도록 적절히 조절해야 한다. 이 과정에서 퍼실리테이터는 교육 내용을 생동감 있게 전달하면서 참가자들이 자발적으로 정보를 탐색하고 이해할 수 있도록 유도하는 다양한 활동을 설계한다. 또한 퍼실리테이터에게는 지속적인 교육과 실습, 피드백을 통한 자기 성찰이 필요하다. 퍼실리테이터는 자신의 강점과 약점을 이해하고, 효과적인 교육을 위해 이를 어떻게 관리하고 발전시킬 수 있는지 계획을 세워야 한다.

생각 나누기 ➕

퍼실리테이션을 통해 아동인권교육의 효과를 극대화하기

위한 퍼실리테이터의 중요한 역량은 무엇일까?

퍼실리테이터는 아동인권교육에서 참가자들의 내면화 과정을 촉진하기 위해 어떤 전략을 사용할 수 있을까?

참가자들이 아동인권에 대한 복잡한 개념을 어떻게 쉽고 명확하게 이해할 수 있도록 도울 수 있을까?

퍼실리테이터의 인권감수성이 아동인권교육의 효과에 어떤 영향을 미칠 수 있을까?

생각 더하기 ➕

퍼실리테이터는 다양한 교육적 접근법을 활용할 수 있다. 예를 들어 참여적 학습 활동, 그룹 토의, 역할극, 사례 연구 분석 등을 통해 아동인권의 중요성을 실감하고, 이를 자신의 생활 속에서 적용할 수 있도록 안내한다. 또한 퍼실리테이터는 교육 참가자들이 각각의 활동에서 얻은 통찰력을 실생활에 어떻게 적용할 수 있는지를 논의하며, 그 과정에서 발생하는 질문이나 의견을 존중하고 통합하는 능력을 발휘해야 한다. 이러한 접근을 통해 참가자들은 아동인권에 대한 보다 깊이 있는 이해와 존중의 태도를 함양할 수 있다.

나도 '피해자'입니다[18]

2020년 여름은 지루했다. 긴 장마가 끝나는가 싶더니 다시 추적추적 비가 그치지 않아 2차 장마까지 겪는 여름을 살고 있었다. 강바람 부는 잠원나루로 저녁 산책을 나서는데 아동인권에 관심이 많고 영화를 좋아하는 손녀가 드라마 한편을 함께 보자고 했다. 추천하는 드라마 제목이 '소년심판'이었다. 시리즈물로 다양한 에피소드를 담고 있었다. 중학교 2학년 된 청소년들이 무면허 난폭운전으로 막 대학에 입학한 청년을 치어 죽게 했던 실화를 다룬 드라마였다. 다시 생각하기 싫은 끔찍한 사건이어서 내키지 않았지만 당시 너무나 처절한 상황이 신문기사를 통해 알려진 실화였기에 드라마에서는 그것이 어떻게 연출되었는지 궁금했다.

그 사건에서 우리를 경악하게 한 것은 14살이 되지 않은 청

---

18. 아동은 18세 미만의 모든 사람으로 정의된다. 그러나 연령에 따라 영아, 유아, 아동, 소년, 청소년 등 다양한 용어로 불리기도 한다. 본 장에서 사례로 들고 있는 드라마 '소년심판'에서는 '촉법소년' 등의 용어를 사용하고 있어 본 장에 한해 '청소년'이라고 부를 것이다.

소년들이 범죄를 저지른 후에 보인 태도였다. 법적으로 이들을 촉법소년[19]이라 부른다. 사람들은 이들이 보인 너무나 태연하고 두려움이라고는 찾아볼 수 없는 당당한 태도에 분노했다. 이 사건을 계기로 촉법소년의 연령을 낮춰야 한다는 여론이 빠르게 확산되었다. 당시 상황은 신문기사에 상세히 묘사되어 있다. "SNS 올린 '구미경찰서 재낄 준비'…촉법살인 비극 시작이었다"[20]라는 제목이 달려 있다. 기사는 다음과 같다.

'구미경찰서 재낄(제칠) 준비!'
담배를 문 채 경찰서에 앉아 태연자약하게 페이스북에 올린 이 셀카 사진이 8일 뒤 그 비극의 예고편이었다. 코로나 19로 초·중·고 개학이 미뤄지고 있던 지난 3월 21일 새벽, 훔친 렌터카로 경북 구미의 한 주유소를 털다 경찰서로 잡혀 온 셀카 속 네 소년의 얼굴에선 처벌 받을까 두려워하는 기색을 전혀 찾아볼 수 없었다. 액션 영화 주인공이라도 된 듯 허세 가득한 표정으로 찍은 이 인증샷을 한 소년이 자기 SNS에 올리자마자 친구들은 앞 다퉈 "좋아요"를 눌렀다.

이틀 뒤인 23일, 그리고 다시 이틀 뒤 25일 연거푸 똑같은 수법으로 렌터카

---

19. 촉법소년이란 형법 법령에 저촉되는 행위를 한 10세 이상 14세 미만인 소년을 의미한다(소년법 제4조 2항). 행위 당시 14세 미만의 경우 행사책임연령이 아닌 것으로 보고 형사처벌을 하지 않으며, 10세 이상 14세 미만의 경우 가정법원의 처분에 따라 보호처분을 할 수 있도록 규정되어 있다.
20. 안혜리. (2020.04.16.). SNS 올린 '구미경찰서 재낄준비'…촉법살인 비극 시작이었다. 중앙일보. https://www.joongang.co.kr/article/23755486

를 훔쳐 사고를 냈고, 그때마다 맛집 순례하듯 전국 곳곳의 경찰서를 들락거리며 다양한 인증샷을 추가했다. (중략) 이들이 형사처벌을 받지 않는 만 14세 미만 촉법소년들(2006년생)이라 가능한 일이었다.

그리고 지난 3월 29일 자정을 막 넘긴 시각. 또다시 서울에서 렌터카를 훔쳐 대전까지 질주하다 경찰의 추격을 받던 이 중학생들은 월세라도 벌어보겠다고 오토바이 배달 알바를 하던 대학 신입생(18)을 치어 숨지게 했다. 학교도, 부모도, 심지어 경찰도 막지 못한 이들의 범죄는 한 무고한 생명을 앗아가면서 비로소 '잠시' 멈췄다."

드라마 '소년심판'은 실화를 기반으로 청소년의 문제를 심도 있게 다루면서 대중의 관심을 끌어들이는 내용으로 각색되었다. 이미 기사를 통해 인지하고 있던 내용이라 충격은 덜했다. 그런데 그때와는 다르게 기사를 읽고 흥분한 독자 중 한 사람이 아닌, 다양한 청소년이 사는 우리 사회의 한 구성원으로 '청소년의 안전과 안녕을 위해 나는 무엇을 할 수 있을까'를 생각하게 되었다. '책무성'이란 단어가 나를 깨웠다. 드라마에서 내가 간과할 수 없었던 장면 하나 때문이었다. 드라마 속 이 사건에는 분명히 가해자와 피해자가 존재했다. 무면허 청소년들이 운전 중 과속하고 경찰의 경고를 무시했다. 그들이 탄 차는 이제 막 아동기를 넘어선 청년 한 사람을 치어 죽게 했다.

가해 청소년들 간에도 가해자가 있고 피해자가 있다. 한 친구가 이용당했고 차별받고 무시당했다. 친구들이 폭력을 휘둘러 모든 잘못을 한 친구가 뒤집어쓰고 교통사고로 식물인간이 되어 평생 병원에 누워있어야 했다. 이 끔찍한 사건의 희생양이 된 청소년이다. 모든 악랄한 모험을 주도한 가해자는 엄연히 따로 존재했다. 가해자의 당당한 말투, 친구를 모욕하고 무시하고 욕으로 일관된 언어가 녹음되고 친구에게 폭력을 행사하는 모든 장면이 담긴 영상이 증거로 제시되어 판사는 모든 걸 파악하고 있었다. 특히 판사는 촉법소년들이 저지른 범죄를 혐오하고 일말의 동정이나 관용의 여지가 없다. 판사는 가해 청소년들의 주범인 아이의 모든 범죄행위가 담긴 영상을 보여준다.

그러나 사건의 주범인 가해자는 법정에서 말한다. "저도 피해자입니다." 그 아이의 입에서 나온 그 말을 듣는 순간 판사의 얼굴이 험악해졌다. 드라마를 보던 나 또한 숨이 멎는듯했다. 만일 법정에서 어린 연령대의 소년이 처벌을 받게 되었다면, 나는 "이 아이도 피해잔데…"라고 혼잣말을 하며 옹호하는 마음을 가졌을지도 모르겠다. 그런데 그 상황에서 당사자가 꼿꼿이 서서 "나도 피해자입니다"라고 내뱉는 말에 나는 몹시 놀랐다. 검사 역시 황당한 표정을 짓는다.

당사자가 직접 당당하게 말하는 것과 누군가가 옹호해주는 것과 뭐가 다를까? 곰곰이 생각했다. 결론은 "다르지 않다"이다. 나는 아동인권교육훈련을 퍼실리테이션하는 퍼실리테이터다. 이 땅에 인간으로 태어난 모든 아이들의 존엄성을 존중하며 만 18살이 되기 전의 모든 아동·청소년의 권리를 옹호하는 것이 나의 일이고 사명이다. 그래서 아동의 경우엔 그들이 보이는 과격한 행동이나 공공의 기준을 벗어난 행동에는 숨겨진 이유가 있을 수 있음을 인식하고, 발달 특성을 고려해 이해하려는 노력이 필요하다.

아동의 발달단계에서 나타나는 개별화된 기질이나 특성뿐만 아니라 그 아동이 처한 가정환경, 사회환경, 학교환경 등도 그들의 성숙도에 미치는 영향이 막대하므로[21] 환경과 조건의 다양성과 개별성의 존중을 옹호하는 것이 의무이행자들의 책무라고 믿는다. 그 책무성이 마음에서 우러나와야 하지만 법으로 명시되었기에 강제성을 띄는 경우도 있다. 아동인권을 보장하기 위해서는 도덕적 기준과 법적 기준 사이에 균형을 맞추어야 한다. 법이 가해자로 지명한 촉법소년으로 분류된

---

21. 브론펜 브루너는 개인은 미시체계, 중간체계, 외체계, 거시체계라 불리는 여러 겹의 체계에 둘러싸여서 다양한 체계와 그 사이의 상호작용을 통해 발달하므로 단순히 개인의 내적요인 또는 가까운 환경만을 볼 것이 아니라 개인을 둘러싼 환경적 요인을 포괄적으로 이해하는 것이 필요하다고 설명한다. Bronfenbrenner, U. (2000). *Ecological systems theory*. American Psychological Association.

이 청소년은 발달적으로 미숙하고 의존적인 단계에 있기 때문에 법적으로 보호를 받게 되는 것이다. 국민의 다수가 이 문제에 분노하는 이유는 그들의 행동이 사회적 도덕 기준에 크게 미치지 못하기 때문이다. 이 청소년 역시 신의 형상으로 지어진 존엄한 존재로 이 땅에 왔고, 그 존엄성이 존중받아 마땅한 천부적인 권리를 지니고 있다. 만 13세로 중학교 2학년이 된 아이들은 도덕적·윤리적·법적으로 올바르지 않은 행동을 했다. 그들의 무모한 행동이 존귀하고 소중한 생명을 앗아가는 결과를 만들었다. 여기에 더해 취약한 환경에서 자란 그들의 희생자였던 한 친구를 식물인간으로 만들었다. 친구들에게 이용되고, 조종당한 친구는 몸만 상한 것이 아니었다. 철없던 과거 시절의 어리석음을 깨닫고 다시 한 번 인생을 제대로 설계해보려 결단했던 소년의 순수한 열정과 결심이 무너지고 영혼마저 송두리째 파괴되었다. 희생된 이 아이 하나만 바라보고 사는 홀어머니를 비참하고 절망적인 상황에 몰아넣었다.

　드라마에서 이용당하고, 상처받고, 죽음에 이르도록 심하게 다친 이 피해 청소년의 어머니만 죄인처럼 되어 살해된 청년의 가족에게 눈물로 용서를 구하는 장면은 절망스럽다. 정작 용서를 구하고 눈물을 흘려야 하는 가해 청소년들과 그들의 보호자들은 무죄 판결을 받고 기뻐하며 안도의 숨을 쉬는 염

치없는 모습을 보인다. "하나를 보면 열을 안다"는 우리 속담이 있다. 염치도, 양심도 없는 이들 부모의 모습이 바로 "나도 피해자"라고 당당하게 말하는 아이의 모습이다. "문제 청소년은 없고 문제 어른만 있다"고 말하는 이유가 여기에 있다. "나도 피해자"라는 말은 일견 맞다. 문제 어른의 자녀는 분명 그들의 부모로 인한 피해자이기 때문이다.

한 걸음 더 들어가기

유엔아동권리협약 제 1조는 만 18세가 되지 않은 모든 사람을 아동이라 정의한다.

우리나라 아동복지법 역시 아동을 18세 미만의 사람으로 정의한다. 아동의 연령을 법적으로 정하는 이유는 무엇일까? 다양한 이유가 있겠지만 아동기를 사는 사람의 안전을 위해 보호해야 하기 때문이다. 협약은 '아동은 보호의 대상이며 권리의 주체자'라고 규명한다. 전통적인 아동의 정의는 보호의 대상에서 그쳤다. 그러나 협약은 아동이 보호의 대상임에는 틀림없으나 독립적인 인격체이고 자기의 권리를 행사할 수 있는 권리의 주체자임을 말한다. 더 중요한 것은 아동이 권리주체자임에 틀림없으나 자신의 권리가 보호·존중·실현되면 아동은 의무이행자의 자리에 서게 된다. 다른 사람의 권리를 존중해 주어야 하는 자리다. 이러한 자리바꿈을 '선순환 관계'라고 말한다. 아무리 촉법소년이라도 자기가 할 도리를 할 줄 알아야 하며 의무이행자의 책무를 다하지 못할 경우 도덕적 기준에 미치지 못한다는 뜻이다.

생각 나누기

청소년 또래간의 갈등과 폭력의 가해자가 자기도 피해자라고 당당히 말하는 것을 본다면 어떤 생각이 들까?

아동기의 모든 아동과 청소년들이 아무리 잘못을 저질러도 그들 모두 피해자일 뿐이라 말하는 것은 왜일까?

생각 더하기

드라마 '소년심판'은 가해 청소년들과 그들의 부모가 무죄 판결을 받고 나오는 장면으로 끝난다. 그들은 한 친구를 희생시키고 식물인간이 되게 만들었다. 식물인간이 된 아이의 어머니의 마음은 슬프고 무너진다. 진정한 피해자들은 너무나 아픈데, 가해자들의 모습에서는 일말의 자책이나 뉘우침 같은 것은 없다. 유엔아동권리협약이 말하는 '법적 기준과 도덕적 기준의 균형 있는 삶'이란 어떤 삶일까? 다시 한 번 깊이 생각해 본다.

소확행(小確幸) - '가치'를 퍼실리테이션하다

'작은 것이 아름답다'[22]라는 말은 1970년대 사람들의 대화에 자주 회자되었다. 영국의 경제학자 에른스트 슈마허(Ernst Schumacher)가 그의 첫 수필집 제목으로 사용한 말인데 원작자의 의도와 상관없이 많은 사람들이 자신들의 필요에 따라 그 문장을 인용한다. 나 역시 이 짧은 문장에 영감을 받고 '작은 것을 추구하라'는 제목으로 저널을 쓰기도 했다. NGO에서 오랫동안 작은 자를 위해 그들과 함께 하는 걸 사명으로 일하는 사람들은 모두 작은 것을 좋아하고 소중히 여긴다. "작은 것이 아름답다"는 말은 이 사회에서 주목받지 못하는 작은 사람, 소유의 많고 적음에 연연하지 않는 사람, 마음이 가난한 사람의 삶을 지지해주는 말처럼 느껴지기도 한다.

"작은 것이 아름답다"는 말은 내가 일했던 세이브더칠드런

---

22. 에른스트 슈마허는 수필집 '작은 것이 아름답다'(Small Is Beautiful: A Study of Economics As If People Mattered)에서 "작은 것이 아름답다는 의미는 대규모 산업화보다는 소규모, 지역기반의 작은 규모의 경제단위가 인류 공동체에 더 긍정적인 영향을 미칠 수 있다"고 언급했다.

국제연맹 회원국 대표들 간 대화에서도 많이 언급되곤 했다. 민간단체(NGO) 특성이나 생태계에 맞물려 "작은 것이 아름답다"란 말 자체가 힘을 실어 주는 것 같았다. "작은 것이 아름답다"는 말은 작은 자를 소중히 여기는 우리의 사명이 가치 있고 보람 있는 것임을 지지하는 말로 여겨지기도 했다.

그로부터 40여 년이 지난 오늘, 우리 주변에서 작은 것에 가치를 두는 사람들을 찾기가 더 어려워졌다. 이젠 큰 것을 추구하는 사람을 편들어 주는 세상이 되었다. 큰 집, 큰 차, 비싼 명품 옷과 가방 등 뭐든지 크고 많고 비싼 것은 좋고 우월한 것이고 그 반대는 열등한 것으로 여기며 차별을 조성하기도 한다. 빌라나 임대아파트에 사는 아이들을 '빌거'(빌라 거지), LH 임대아파트에 사는 아이들을 '엘사', 기초생활수급자 가정의 자녀를 '기생수'라는 별칭으로 부르며, 한 교실에서 함께 공부하는 친구들 사이에서 놀림과 차별이 발생한다는, 그리고 이것이 어른들의 인식이 투영된 것이라는 신문기사[23]가 주목을 받았다. 이로 인해 한동안 주거환경에 따른 아동의 권리 침해 문제가 사회적 이슈로 부각되었다. 아동은 어떤 상황

---

23. 김정화, 최영권. (2020.01.05.). "넌, 엘사·기생수"… 어른들의 차별 바이러스에 감염된 아이들. 서울신문. https://www.seoul.co.kr/news/society/2020/01/06/20200106010018

에서도 독립된 인격체이며 권리의 주체자로 인간의 존엄성을 존중받아야 하는 소중한 존재임을 기억해야 한다. 부모의 소유 기준의 잣대로 아동을 놀리고 차별하며 괴롭히는 일은 옳지도, 정당하지도 않다. 이런 차별적 행동이 사회에 만연하는 근원적인 원인은 일부 차별하는 아동 부모의 잘못된 가치관에 있음을 인지해야 한다. 아동기를 겪고 있는 아동이 가해자와 피해자로 구분되어 차별하고, 혐오하는 일은 결코 일어나서는 안된다.

국제아동인권센터는 아동의 생애 초기부터 아동과 함께 아동을 위한 활동을 시작한다. 유엔은 아동에게 인권교육훈련을 시작하는 적기를 만 5세로 제안한다. 국제아동인권센터는 영유아기, 아직 언어를 사용하여 교육훈련이 이루어지기 전부터 부모나 교사의 아동을 대하는 자세, 태도, 언어활동을 통해 아동인권교육훈련을 시도한다. 교육훈련은 빠를수록 유익하기 때문이다.[24] 퍼실리테이션 기법으로 교육훈련을 진행하기에 영유아를 위한 인권교육훈련이 가능하다.

---

24. 유럽평의회(Council of Europe)가 발간한 아동을 위한 인권교육 매뉴얼도 인권교육을 가능한 한 일찍 시작해야 한다고 언급하며 5-13세 아동을 대상으로 수행할 수 있는 인권교육을 다루고 있다. Flowers, N. (Ed.). (2009). *Compasito: Manual on human rights education for children (2nd ed.)*. Council of Europe Publishing. https://rm.coe.int/16807023d0

2022년, 우리는 서울시 산하의 12개의 국공립 어린이집을 대상으로 '아동인권친화환경 조성' 여부와 그 수준이 어떠한지를 진단했다. 컨설팅을 통해 진단한 어린이집의 아동인권친화환경을 강화하기 위해 후속사업으로 해당 어린이집에서 인권교육을 담당하는 인권 선임교사들을 대상으로 역량 강화 워크숍을 진행했다. 우리가 컨설팅 사업의 연장선상에서 준비한 아동인권교육훈련을 통한 교사 역량 강화 워크숍에는 총 15명의 교사가 참여했다. 주 1회, 하루 3시간씩, 5회기로 계획된 총 15시간 집중 교육훈련 워크숍은 어린이집 교사들에겐 만나기 어려운 배움의 장이고 훈련의 기회였다.

 워크숍은 "내가 매일 만나서 함께하는 영유아들, 그들은 누구인가?", "당신이 만나는 아동은 존재론적으로 누구인지 정의를 내려 보자" 등 근원적인 질문으로 시작한다. 퍼실리테이션 교수법으로 진행되는 아동인권교육훈련 워크숍은 교육 참가자들이 주체가 되어 진행된다. 교육 참가자들이 각자 자신들의 언어로 아동을 존재론적으로 정의 내린 후, 칼릴 지브란(Kahlil Gibran)의 아동관을 함께 살펴보면서 자신들의 정의와 칼릴 지브란의 글을 통해 새로운 깨달음을 얻는다. "아동은 부모를 통해서 이 땅에 태어나지만, 부모가 창조한 것은 아니다. 아동은 부모의 소유가 아니다. 아동은 존엄하고 독립된 존재로서 인간의 존엄성을 존중받아야 하는 존재이다"[25]라는 글을 통해 참가자들은 매일 친밀하게 만나서 함께 살아내는 영유아의 존재론적인 가치에 대한 중요성을 깨닫게 된다. 이어서 보육 현장에서 만나고 깨달은 아동의 발달 특성이나 발달 단계에 대한 각자의 지식과 정보를 나누는 시간을 가진다.

또한 각자가 생각하는 아동기 특성을 3가지씩 나누는 활동도 했다. 그것을 포스트잇에 적어서 화이트보드에 붙였다. 15명의 교사가 각각 3개씩 적어서 붙인 아동기의 특성은 다양했다. 소위 전통적인 아동관을 말하는 특성인 천방지축, 미숙, 의존, 핑계, 무책임, 자기중심, 이기심 등에서부터 스폰지, 배려심, 진화능력, 감사할 줄 안다, 실수투성이, 책임전가 등 다양한 특성이 교사들의 언어로 표현되었다. 그중에서 몇 개는 조금 특이했다. '소확행'이라 쓴 교사가 있었다. '자유'라는 단어도 있다. '틀'이란 단어에도 시선이 머문다. 아동과 함께하는 매일의 경험을 통해 제기된 아동기 특성이 신선했다. '틀'이란 단어와 '자유'라는 단어 간에 서로 연결고리가 만들어지기도 했다. 아동은 어른들이 만들어 놓은 틀에 갇힌 존재가 아닌 자유로운 영혼임을 의미했다. 전통적인 사고를 가진 어른들은 이런 자유로운 영혼을 때로는 다소 부정적으로 '천방지축'이라고 표

---

25. Gibran, K. (2018). 예언자. (류시화 역) [원저, The Prophet, 1923]. 무소의 뿔.

현하기도 했다. 다양한 아동기 특성 중 소확행(小確幸)이라는 단어가 특히 반가웠다. 그 교사에게 아동기의 특성으로서 소확행이 어떤 의미인지 부연 설명을 부탁했다. 그는 "저희 반 아이들은 아주 작은 것에 기뻐하고 감사하고 행복해하는 특성이 있어요!"라고 말했다. 이는 단지 특정 아동이 아니라 자신이 맡은 반의 모든 아동에게 해당되는 특성이라는 것이었다. 아이들은 종이 한 장, 포스트잇 하나에도 행복해한다는 것이다.

  역량 강화 워크숍 첫날부터 참여자들의 경험과 생각, 반짝이는 아이디어들로 즐겁고 재미있는 교육시간이 되어 기뻤다. 15명의 참여자 모두 성실한 자세와 태도로 워크숍에 임하고 있어 감사했다. 결석도 지각도 없었다. 이런 선생님들에게 아이들을 맡기고 일터로 간 보호자들은 행복하고 든든한 마음을 가질 수 있겠다는 안도의 마음이 들었다. 소확행의 특성을 지닌 아이들이 성장하면서 아주 작은 것 하나에도 기뻐하고 감사하는 귀한 마음을 키워서 '작은 것이 아름답다'는 가치관을 지닌 어른으로 성장하면 좋겠다는 바람이 간절하다.

한 걸음 더 들어가기

소확행이란 '소소하지만 확실한 행복'의 줄임말로 일상 속에서 작지만 확실하게 느낄 수 있는 즐거움, 행복을 이르는 말이다.[26] 어린이집 교사가 만난 아이들이 종이 한 장, 포스트잇 한 개로 만족하고 행복해하는 모습을 보고 교사가 자신의 반 아이들의 특성에 대해 소확행이라 표현했다.

생각 나누기

당신에게 소확행이란 무엇인가? 일상에서 작지만 확실한 행복을 느낄 때는 어떤 순간인가?

어떤 상황에서 당신은 '작은 것이 아름답다'고 느끼는가? 그런 순간을 경험했을 때의 느낌을 나눠보자.

생각 더하기

비정부기관(Non-Governmental Organization, NGO)이

---

26. 일본의 소설가, 무라카미 하루키가 1994년에 펴낸 수필집 '랑겔한스섬의 오후'에서 처음 사용한 용어로 알려졌다.

나 비영리기관(Non-Profit Organization, NPO) 종사자들은 "작은 것이 아름답다"라는 말을 좋아하는데, 이는 자신들의 일을 지지받고 응원 받는 마음이 들어서이다. 정부기관(Governmental Organization, GO)은 국민이 낸 세금으로 정부의 살림을 한다. 그리고 영리기관(Profit Organization, PO)은 물건을 만들어 팔며 영업활동을 통해 수익을 창출한다. 비정부 및 비영리 기관은 사명을 가진 소수의 인원이 모여 그들의 크고 높은 가치를 열정을 다해 실현하는 곳으로, 종종 '1인 NGO' 혹은 '1인 NPO'로 시작되기도 한다. 뜻을 같이 하는 한두 명이 모여 그들이 세운 공동의 사명과 비전을 실천하며 행복을 느낀다.

퍼실리테이터의 태도
(Attitude)

오늘 아침에 읽은 월간 소책자에 게재된 글이 감동적이고 도전을 준다. 병든 아들을 둔 한 어머니가 쓴 것으로 아들의 정형외과 수술을 맡은 의사에 대한 감사의 글이다. 은퇴를 앞둔 한 노련한 전문의는 아들을 수술실로 보내며 걱정하는 어머니를 향해 말했다. "당신 아들과 같은 환자 수천 명을 수술하여 고쳤어요." 환자의 어머니는 의사의 말을 듣고 큰 위로와 힘을 얻었다. 다양한 경험과 기술 그리고 경륜이 있는 노련한 의사임에도 수술 시작 전에 겸허한 자세로 기도를 드리고 수술실로 들어갔다. 그의 기도는 응답되었다. 제니퍼 벤슨 슐츠란 여성이 쓴 짧은 글의 내용이다.

병원에 가지 않고 사는 사람은 이 세상에 없을 것이다. 감기나 소화불량 등 가벼운 질병에서 큰 수술까지 다양한 이유로 우리는 병원을 찾는다. 자신이 수술을 받거나 가족 중 누구라도 수술을 받게 되면 온 가족은 긴장하고 불안해한다. 나의 큰 아들도 지병으로 고생을 많이 했다. 여러 번 입원하고 수차례 수술했다. 자녀가 수술실에 들어갈 때 부모의 마음이 어떤지 경험한 이들은 안다. 수술시간은 얼마나 걸리는지, 마취는 잘 될지, 마취에서 잘 깨어날지, 수술은 잘 될지, 한두 번도 아니고 수없이 두렵고 떨리고 아픈 경험을 하며 아들의 병실과 수술실 주변을 서성거린다. 내가 제니퍼의 글에 감동하고, 수술을 집도한 의사의 태도에 감동한 이유다. 내 이야기가 아닌데도 마치 내 이야기, 내 아들의 이야기처럼 다가왔다. 사랑하는 아들을 수술실에 보낼 때, 부모의 마음이 어떤지 인생 경륜이 있는 의사라면 잘 알고 이해할 것이다. 제니퍼의 글에 언급된 의사에게 나도 존경심이 일었다. '정말 훌륭한 의사, 전문가 그리고 참 인간이구나.' 아들의 수술과 치료를 자신에게 맡긴 부모를 안심시키고 위로하고자 "당신 아들과 같은 환자를 예전에도 많이 수술했고 성공적으로 치료했다." 얼마나 위로가 되는 말인가! 얼마나 안심되는 말인가! 은퇴를 앞둔 오늘에 이르기까지 수천 명을 수술했고, 그들의 건강 회복을 도왔다는 것이다. 그러니 안심하고 믿으라는 것이다. 그는 환자 부모의 마음을 진심으로 보듬어 주었다. 그리고 그토록 경험 많고 경륜이 있는 의사는 수술실에 들어가기 전에 겸손히 기도했다. "이

번 수술도 실수 없이 잘 이끌어 주십시오"라고. 결국 의사의 기도는 응답받았고 수술은 성공적이었다. 얼마나 기뻤을까?

　의료라는 한 분야의 전문가에게 축적되어있는 의학적 지식과 의술은 필수 능력이다. 그러나 그것이 전부는 아니다. 거의 매일 했기에 익숙해 눈감고도 해낼 수 있는 노련함으로 인해 전문가의 우수함을 인정받을 수 있었다. 그러나 그것이 전부라면 탁월한 전문가 반열에 서기 어렵다. 이 짧은 글은 모든 분야에서 사명을 실천하는 사람들에게 큰 깨우침을 준다. 어떤 분야든 깊이 있는 지식, 탁월한 기술, 노련함을 지닌 전문가라 해도 반드시 지녀야 할 태도가 있다. 일에 임하는 태도다. 사명을 실천하려면 그 일에 임하는 자세와 태도를 가볍게 생각해서는 안 된다. 아동을 편들어 주는 옹호가와 아동인권을 세상에 알리는 훈련가(퍼실리테이터)를 양성하는 분야에서도 전문성 및 겸손한 자세와 태도는 절실히 요청된다.

　나는 아동인권을 세상에 알리는 것을 사명으로 삼고 다양한 직종에서 일하는 사람들, 서로 다른 지식과 경험을 가진 사람들, 다양한 연령층의 사람들과 협력해왔다. 한국에서 아동인권교육훈련이란 주제를 처음 시작한 아동인권교육훈련 퍼실리테이터 0세대라고 할 만큼, 이 분야는 매우 새로웠다. 이 분야의 선구자로서 오랜 기간 쉬지 않고 일했기에 경험과 경륜을 쌓을 수 있었다. 나의 주된 일은 100시간에서 120시간 동안 교육 참가자들과 함께 교육훈련 워크숍을 하는 것이다. 솔직히 나는 오랜 경험을 바탕으로 교육훈련의 전 과정을 원활하고 능숙하게 진행할 수 있다. 그러나 고백컨대 나는 단 한 번도 교육을 앞두고 자신감으로 충만해 본 적이 없다. 언제나 워크숍 진행에 임할 때는 긴장된다. 그리고 모든 준비 상태를 면밀히 점검하고 세부사항까지 확인하는 작업을 반복한다. 언제나 신중한 자세로 교육을 준비하고 진행한다. 모든 과정이 실수 없이 잘 이뤄지도록 기도한다.

아동인권교육훈련 진행자인 퍼실리테이터의 마음가짐과 태도(attitude)의 적절성은 아무리 강조해도 지나침이 없다. 우리가 오랫동안 경험했던 주입식 교육과는 접근 방식을 달리한다. 가르치는 강사, 교사, 교수가 중심이 되는 교육이 아니다. 아동인권교육훈련에서의 퍼실리테이션 교수법은 오히려 교육에 참가하는 참가자들, 즉 학생이 중심이 되는 교육이다. 아동인권교육훈련을 촉진하는 퍼실리테이터에게 강력하게 요청되는 역량과 자질은 '경청하는 태도'와 '겸손한 자세'라고 할 수 있다. 교육 참여자 각각을 존중하고 귀히 여기는 진실한 태도와 자세로 퍼실리테이터는 교육 참여자들의 생각, 의견, 그들의 인생 경험에서 비롯한 지식과 정보를 그룹의 구성원들과 공유하고 소통할 수 있도록 격려해야 한다. 이 과정에서 참여자들의 참여권을 최대화하고, 그룹 내에서 이뤄지는 토론을 통해 이들의 기여를 긍정적으로 수용하고 발전시킬 수 있는 자세가 중요하다. 퍼실리테이터는 전문가이지만 전문성을 드러내어 자랑하지 않아야 한다. 교육 참여자의 생각과 의견이 정직하게 표현되도록 이끌며, 그룹 토의를 통해서 서로 다른 의견과 견해가 아동 최상의 이익을 위해 최우선으로 고려되어 아동에게 긍정적인 영향이 미칠 수 있도록 인도하는 역할을 해야 한다. 퍼실리테이터는 그룹 구성원들의 생각과 견해를 경청하면서 명확하게 표현되지 못한 생각까지 분별하는 통찰력을 발휘하여 적절한 피드백을 줄 수 있어야 한다. 이러한 퍼실리테이터의 피드백 내용과 자세 및 태도는 민주주의 참여식 아동인권교육훈련 교수법의 핵심이라 할 수 있다. 아동인권교육훈련을 퍼실리테이션하는 현장에서는 퍼실리테이터의 아동인권에 관한 지식과 정보 뿐 아니라 기술과 태도가 그대로 학생들에게 전수되고 공유되어야 한다.

한 걸음 더 들어가기

2011년, 유엔인권교육훈련선언문(United Natio ns Declaration on Human Rights Education and Training)이 선포되었다.[27] 이 선언문은 인권교육훈련이 누구를 위한 것이며, 교육의 목적이 무엇이고, 어떤 내용을, 어떤 교수 방법으로 교육하고 훈련해야 하는지에 관해 상세히 기술하고 있다. 교육훈련의 내용으로 인권에 관한 지식과 정보, 기술 그리고 '태도'를 포함해야 한다고 명시하고 있다. 인권교육훈련에서 태도는 지식과 정보, 기술과 동등하게 중요한 교육 요소로 강조되며, 인권교육을 효과적으로 전달하기 위해 필수적인 부분이다.

생각 나누기

정형외과 수술을 받게 된 아들을 수술실로 보내는 한 어머니의 이야기를 읽었다. 그 어머니는 수술을 담당한 의사의 태도에

---

[27]. 유엔 인권위원회 결의안 6/10에 따라 자문위원회(Advisory Committee)는 2008년 8월부터 2010년 1월까지 인권교육훈련선언 초안을 마련하였다(A/HRC/AC/4/4). 그리고 2011년 12월 19일, 유엔은 유엔총회에서 유엔인권교육훈련선언문을 채택했다. 동 선언문의 원문과 국문번역본은 국가인권위원회 홈페이지에서 확인할 수 있다: https://www.humanrights.go.kr/site/program/board/basicboard/view?currentpage=16&menuid=001004002001&pagesize=10&boardtypeid=17&boardid=606051

큰 위로와 감동을 받았다. 당신은 이 이야기를 통해 어떤 깨달음이나 교훈을 얻었는지, 동료들과 함께 공유하고 나눠 보자.

생각 더하기 ➕

아동인권교육훈련을 퍼실리테이션하는 퍼실리테이터에게 필요한 역량 중 하나로 퍼실리테이터의 태도를 들 수 있다. 아동인권교육훈련을 위한 지식과 정보, 기술이 완벽하게 갖춰진 퍼실리테이터라 할지라도 그 태도가 적절하지 못하면 아동인권교육훈련을 성공적으로 이끌기 어렵다. 퍼실리테이터에게 강하게 요청되는 태도 중 가장 우선되는 것은 겸손함이다. 여기에 유연함, 진정성, 솔직함, 배려, 열린 마음 등이 함께 해야 한다. 더하여 인권을 교육훈련하는 퍼실리테이터는 순화된 부드러운 언어로 학생들에게 다가가는 태도를 가져야 한다. "인권을 통해 배운다"는 말은 퍼실리테이터의 태도를 통해 배우고 퍼실리테이터가 조성하는 인권친화적 교육훈련 환경과 분위기 안에서 배운다는 의미가 있다.

비교와 경쟁 없는 문화를 꿈꾸며

 2019년 9월, 대한민국 정부는 유엔아동권리협약 이행 보고서 심의를 받았다. 심의 후 당사국들의 아동권리 이행상황을 감독하는 독립기구인 유엔아동권리위원회로부터 최종견해(Concluding Observation) 형태의 권고문을 받았다. 9개 영역으로 구성된 권고문에는 총 49개의 세부 권고문이 담겼다. 유엔아동권리협약은 1989년 11월 20일에 유엔총회에서 만장일치로 채택된 아동인권의 준거가 되는 국제법이다. 전 세계 196개 나라가 협약을 비준했다. 유엔 회원국 193개국보다 3개나 많은 나라[28]가 협약을 비준한 것이다. 전 세계 거의 모든 국가가 아동의 권리를 보호, 실현, 존중할 것을 약속했다. 유엔아동권리협약 비준국은 비준 2년 후에 첫 번째 협약 이행국가 보고서를 쓰게 되고, 그 이후로 매 5년 마다 보고서를 작성해

---

28. 유엔아동권리협약 비준국 중 유엔회원국이 아닌 국가 및 자치국가로서 바티칸 시국, 팔레스타인, 쿡제도, 니우에가 포함되며, 유엔 회원국 중 미국만이 유일하게 협약을 비준하지 않았다.

위원회에 제출한다. 협약 비준국은 보고서를 제출하고 유엔아동권리위원회가 심의 후 최종견해라 불리는 권고문을 받게 된다. 권고문을 받으면 정부와 민간은 함께 권고문 이행을 위해 노력한다. 우리 정부가 제3~4차 국가보고서 심의 후 받은 권고를 충실히 이행하기 위한 토론의 장이 마련되었다.

국제아동인권센터는 유엔아동권리위원회 장 저마튼(Jean Jermatten) 위원장을 한국에 초청, 우리 정부와 민간단체가 어떻게 권고사항을 잘 이행해 아동권리 증진을 도모할 수 있을지 논의의 장을 준비했다. 발표에 이어 토론이 마무리될 즈음에 참여자 한 분이 질문했다. 전 세계 196개국 협약 비준국 중 한국의 협약 이행 정도와 권고 수준 그리고 한국 아동의 아동인권 보호, 실현, 존중의 수준이 어떠한지, 몇 등쯤 되는지를 질문했다. 장 위원장은 이렇게 답했다. "우리는 아동인권의 문제나 현황 등을 국가 간 비교하며 순위를 매기지 않습니다. 각 나라마다 나름의 전통과 고유한 습관 등 서로 다른 문화를 형성하고 있습니다. 현재 각국은 법과 제도를 만들어 자국 내 아동의 최상의 이익을 최우선적으로 고려하는 등 노력하고 있습니다. 전문가들로 구성된 유엔아동권리위원회는 심도 있게 논의해 개별 국가들이 개선하거나 보완하면 좋을 점을 권고문에 담아 최종견해(Concluding Observation)란 이름으로 보내드

립니다."

얼마 전 신문기사[29]에서 비슷한 글을 읽었다. 2030세계박람회 개최 후보지인 부산을 실사하기 위해 방한한 국제박람회기구(BIE) 실사단이 한국 방문 일정을 마치고 귀국길에 오르기에 앞서 기자회견을 가졌다. 이 자리에서 패트릭 슈페히트(Patrick Specht) 국제박람회기구 현지 실사단장은 "우리는 첫날부터 마지막 날까지 부산에 대한 좋은 인상을 받았다. 부산시는 잘 준비돼 있었다(Well Prepared)"면서 "2030세계박람회를 열고자 하는 부산 시민들의 열정을 느낄 수 있었다"라고 밝혔다. 이에 한국 박람회 관련 지도자 중 한 명이 "가장 큰 경쟁국인 사우디아라비아의 리야드와 비교하면 어떤가?"라고 묻자 그는 "우리는 국가를 비교하지 않고 각 프로젝트의 장점만 서로 비교한다"고 말했다. 자신들이 사용하는 실사 평가 기준은 유치 역량과 준비 정도라고 설명했다.

아동인권교육훈련 워크숍을 진행하면서 다양한 계층, 연령, 직업군의 사람들은 물론 아동·청소년들도 만난다. 특이한 점

---

29. 하경민. (2023.04.04.). BIE실사단장 "부산, 잘 준비돼 있다…사우디와 비교 안 해". 뉴시스. https://www.newsis.com/view/?id=NISX20230406_0002256920

은 교육훈련과정에서 아동이든 어른이든, 개별 활동이든 그룹 활동이든 간에 참가자들이 각자 활동의 결과물을 통해 생각의 차이나 접근 방식의 다양성 가운데 특이 사항을 발견해 새로운 배움의 기회를 찾기보다는 누가 가장 우수한지, 누가 정답을 찾았는지, 누가 1등인지 등 성과 비교에 더 많은 관심을 보인다는 사실이다. 현재 노년기에 접어든 한국인들은 과거 한국의 입시 위주의 공교육 시스템 속에서 자랐기 때문에 경쟁적인 문화와 서열을 매기는 데 익숙하다. 필자가 고등학생이던 시절, 모의고사를 본 후에는 학교 게시판에 1등부터 100등까지 이름과 함께 성적을 게시하는 것이 일반적이었다. 이러한 경쟁적 교육 시스템이 한국의 차별문화와 서열 매기는 풍조에 어떤 영향을 미쳤는지 생각해볼 필요가 있다. 한국인들은 반드시 등수를 알아야 하는 일종의 강박관념을 갖고 있는 것 같다. 이런 것들이 국제협약 이행 후에도 다른 나라와의 비교를 통해 우리의 위치를 확인하려는 경향으로 이어졌다고 본다. 세계박람회 개최지 실사단이 "잘 준비된 것 같고 시민들의 열정과 관심도 매우 높다"는 긍정 평가를 했음에도 불구하고 경쟁국과의 비교 평가 결과를 알기 원하는 심리 역시 그런 문화적 배경에 기인됐을 것이다.

국제 아동인권 NGO에서 오래 일하면서 아동인권을 배우고 적용하는 훈련을 받았다. 아동인권을 주류화하는 국제 민간단체여서 세계 모든 나라의 아동인권옹호가들과 만나 함께 배우며 일하는 기회를 누릴 수 있었다. 전 세계 다양한 나라의 전문가 중에서도 특히 북유럽에서 활동하는 동료들의 일하는 모습이 경이로웠다. 그들이 아동인권을 이해하고 설명하는 내용이나 태도, 자세가 놀라웠다. 그들은 자신들의 입으로 전하는 아동인권의 개념이 이미 그들의 삶 속에 내재되어있다는 믿음을 다른 이들에게 주었다. 나에게는 생소하고 새로운 개념도 그들에겐 익숙하고 자연스러웠다. 그들과 동역하는 시간이 길어지면서 나는 그들의 문화와 우리 문화의 다름을 알게 되었다. 북유럽의 아동인권 전문가들은 처음엔 지극히 개인주의자로 보였다. 정말 무섭게 냉정했다. 그들에게는 강한 '정신강령'이 있었다. 노르웨이의 한 작가의 글에서부터 기인됐다는 북유럽인들의 정신강령을 이해하게 되었을 때, 나에게 많은 것이 새롭게 보였다. 북유럽인들의 개인주의 문화에서 중시하는 '내가 원하는 삶'에 대해 깊이 배웠다. 노르웨이, 스웨덴, 덴마크 친구들로부터 나는 '얀테의 법칙'(Law of Jante)에 기인한 생활철학을 볼 수 있었다. 얀테의 법칙은 북유럽국가에서 일상화된 일종의 행동 지침으로 평범함에서 벗어나려는 행동이나 개인적으로 야심을 품는 행동을 부적절하게 묘사하고 있다. 이것은 이미 내재된 그들의 생활철학이었다. 그들은 특별히 의식하거나 주장하지 않고 그냥 그 법칙대로 일상을 살아가고 있었다. 그런 북유럽 나라의 문화를 이해하게 되니 마음이 많이 힘들었다. 자신도 모르게 오랜 세월 쌓인 스트레스와 경쟁심, 편견 등이 내면에 가득한 나 자신의 모습이 드러나는 것 같아 부끄러웠다. 동시에 그들로부터 많이 배우고 깨우침을 얻을 수 있는 행운에 감사했다. 그들은 상대방을 내 시선으로 판단하는 것은 예의가 아니라고 생각하며 그대로 살고 있다. 타인에 대한 나의 시선을 강요하지 않는다. 그들을 접하면서 타인에 대한 세심한 배려가 암묵적으로 수용되고 실현되는 사회가 북유럽인들의 사회라는 것을 알아챌 수 있었다. 북유럽인들의 개인주의는 '개개인의 확고한 주체성을 기반'으로 이뤄져 있음을 깨달았다.

한 걸음 더 들어가기

인권 관련 모든 협약과 규약에 들어있는 원칙은 '비차별의 원칙'이다. 우리는 다른 사람과 나를 비교한다. 그리고 누가 더 나은 사람인지 평가한다. 그 결과로 우월한 사람과 열등한 사람을 구분한다. 우월한 사람이 열등하다 생각하는 사람을 차별한다. 때로는 무시한다. 인권을 배울 때 가장 중요하게 다뤄지는 것이 비차별의 원칙이다.

생각 나누기

 유엔아동권리협약은 물론 모든 인권규약과 협약에 빠짐없이 강조되는 것이 비차별이다. 그런데 가장 지켜지지 않는 원칙 중 하나가 비차별의 원칙이다. 왜 그럴까?

생각 더하기

 북유럽 국가에서 문화로 자리 잡은 얀테의 법칙에 어떤 내용이 담겼는지 알아본다.

얀테의 법칙(Law of Jante)[30]

네가 특별하다고 여기지 말라.

네가 우리와 같다고 여기지 말라.

네가 우리보다 똑똑하다고 여기지 말라.

네가 우리보다 우월하다고 여기지 말라.

네가 우리보다 많이 안다고 생각하지 말라.

네가 우리보다 중요하다고 생각하지 말라.

네가 무슨 일이든 다 할 수 있다고 여기지 말라.

우리를 비웃지 말라.

모두가 너를 신경 쓴다고 여기지 말라.

네가 우리를 가르칠 수 있다고 생각하지 말라.

---

30. 얀테의 법칙은 덴마크계 노르웨이 작가인 악셀 산데모세(Aksel Sandemose)가 1993년에 쓴 소설 '도망자, 지나온 발차취를 다시 밟다'(A Fugitive Crosses His Tracks)에서 처음 등장했다. 소설 속 허구의 작은 덴마크 마을 얀테를 묘사하면서 이를 만들어 냈는데, 실제 북유럽, 특히 덴마크와 노르웨이 사회에서 오랜 세월 관습처럼 이어져온 일련의 사회적 규범을 설명하는 개념이다. 개인이 집단보다 우월하다고 생각하는 것을 경계한다. 얀테의 법칙은 문서마다 번역에 약간씩 차이가 있지만, 원문은 이곳에서 확인할 수 있다. Nielsen. T. (2017. 4. 17). 덴마크인 가치관의 뿌리, 얀테의 법칙. https://insidedenmark.com/denmakeuin-gacigwanyi-bburi—yanteyi-beobcig/.

핵심가치(Core Value)

 아동인권교육훈련을 진행하면서 다양한 배경의 많은 사람들을 만난다. 각종 분야에서 일하는 전문가들이 국제아동인권센터에 상설된 아동인권옹호전문가 과정에 참여하여 함께 활동하며 배운다. 아동친화도시[31] 인증을 받은 지자체가 아동인권강사를 양성하기 위해 요청하여 진행하는 강사양성과정에서 만나는 사람들도 다양한 경험이나 경력의 소유자들이다. 교육훈련 현장에서 함께 배우며 깨우치는 일은 즐겁다. 퍼실리테이터는 아동인권옹호와 옹호가를 주제로 참가자들이 각자의 생각을 나누며 서로를 알아가고 점진적으로 아동인권옹호전문가로서의 자질과 역할을 체득하도록 이끈다. 아동인권교육훈련 기본과정과 심화과정에서 배우고 훈련하는 주제인

---

31. 유니세프아동친화도시(Child Friendly Cities)는 18세 미만의 모든 아동이 살기 좋은 도시로 유니세프한국위원회가 인증한 유엔아동권리협약의 기본정신을 실천하는 지역사회를 의미한다. 각 지자체는 아동친화도시 10가지 원칙 중 하나인 아동권리홍보(아동권리에 대해 모든 주민에게 널리 알려야 함)를 이행하기 위해 국제아동인권센터에 아동권리교육을 할 수 있는 강사양성과정을 의뢰하기도 한다.

'아동', '아동기', '인권', '아동인권', '유엔아동권리협약'에 대한 이해와 적용 기술을 바탕으로 전문가 과정을 시작한다. 기본 과정과 심화과정을 거치면서 참가자들은 자연스럽게 인권감수성이 향상되기에 인권옹호가로 가는 길을 찾는 참가자들에게 교육 과정은 보다 쉽고 즐겁게 그 길로 다가가는 훈련의 여정이 된다. 아동인권에 대한 기본 지식과 정보를 적용하는 기술을 터득한 후에는 옹호가가 되기를 소망하며 우리보다 먼저 인권옹호가의 길을 걸은 사람들을 만나는 시간을 갖는다.

인권옹호전문가 과정 도입부에서 퍼실리테이터는 교육 참가자들이 각자의 가치관을 점검해 보는 시간을 갖도록 이끈다. 아동인권옹호가 과정을 밟는 교육 참여자들이 제일 먼저 자신의 가치관을 점검해야 한다. 퍼실리테이터는 참가자들에게 자기 인생에서 가장 중요하다고 생각하는 단어 3개를 찾아 포스트잇에 써 붙이고 발표하는 시간을 갖도록 한다. 자신의 가치관을 표현하는 단어 3개를 쓰라고 하면 대부분 당황한 표정으로 옆 사람에게 묻는다. "무얼 쓰라는 거예요?"

'가치'를 기반으로 일하는 비영리 민간단체에서 평생 일했기에 퍼실리테이터의 입장에서는 자연스럽고 평범한 활동 제시이지만, 막상 교육 참여자들은 이구동성으로 어렵다고 한다. 질문이 어려워서가 아니라 그런 질문을 받아 본 적이 거의 없었기 때문인 것 같다. 따로 정답이 있지 않은 질문이기에 더 망설이는 것 같다. 평소 가치관에 대해 생각해 본 적이 없는 사람들에게는 당황스러운 질문이 되기도 한다. 퍼실리테이터는 자신의 가치관을 예로 들거나 설명하지 않는다. 조용히 기다려 주고 시간이 걸려도 인내하며 그들이 충분히 생각해보고 자신의 가치를 표현하는 단어를 찾아 제시해 주길 기다린다. 시간이 지나면서 한 사람 두 사람 깊은 생각 끝에 자신들의 가치관을 표현하는 단어를 들고 나와 보드에 붙인다. 자신들이 내면 깊숙이 추구하는 가치 3가지를 표현하는 것이다. 그들이 적어서 붙이는 내용은 비슷하다. '이웃사랑', '헌신', '봉사', '열정', '공감', '경청', '베풂', '나눔', '연대', '자유', '평화', '정의', '공평', '비차별' 등 다양한 가치의 단어들이 보드에 붙어진다. 그 중에는 특이한 단어도 종종 등장한다. 퍼실리테이터는 그런 단어들의 색다른 가치에 주목한다. 그 단어의 주인공에게 자신의 가치로 표현된 단어에 대해 이야기할 수 있는 기회도 준다. 한 참여자는 '생각'이란 단어를 붙였다. 그는 왜 생각이 자기의 가치를 표현하는 단어가 되었는지 설명했다.

지난 교육시간에 함께 나눈 이야기가 생각났어요. "생각하는 것은 어렵다. 그래서 사람들은 (생각 없이) 남을 판단한다"라는 칼 융의 잠언을 소개해 주셨잖아요. 저는 그때 생각하는 것이 참 중요한 가치라는 깨달음을 얻게 되었습니다.

그의 이야기에 다른 참여자들은 고개를 끄덕이며 공감을 표시했다. 지난 시간에 우리는 유엔아동권리협약 뿐 아니라 유엔이 채택한 인권 규약에 빠짐없이 포함되어있는 원칙이 '비차별의 원칙'이라는 정보를 나눴다. 퍼실리테이터는 가장 자주, 가장 강하게 강조되지만 가장 잘 지켜지지 않는 인권의 원칙이 바로 비차별의 원칙이라 설명했다. 인간은 누구나 내면 깊은 곳에 편견을 지니고 있기에 생각 없이 혹은 습관적으로 자신만의 잣대로 다른 사람을 함부로 판단하고 평가할 뿐 아니라 차별하거나 배제하는 경향이 있다는 문제 제기에 우리 모두 공감했었다. 우리는 그 편견으로 인해 비차별의 원칙이 가장 지켜지기 어려운 원칙으로 자리 잡고 있어 안타깝다는 이야기도 나누었다. 이러한 맥락에서 칼 융의 잠언을 나누게 되었다. 융은 "생각하는 것은 어렵다. 그래서 사람들이 생각 없이 편견이나 고정관념으로 이웃이나 가족, 친구를 판단한다"고 했다. 융의 언급을 통해 '생각'이 지닌 가치의 의미를 모두가 '생각할 수' 있었다.

프랑스의 철학자 르네 데카르트는 "나는 생각한다. 고로 나는 존재한다"라는 말을 남겼다.[32] 프랑스의 유명한 수학자이자 물리학자이며 철학자인 블레즈 파스칼은 "인간은 생각하는 갈대"라는 말을 했다. 그리고 팡세(Les Pensee)에서 생각 혹은 사유와 관련된 귀한 기록들을 남겼다. 파스칼에 따르면 인간은 하나의 갈대에 지나지 않는다. 그러나 그냥 연약한 갈대가 아닌 '생각하는 갈대'다.

　인간은 인간으로 태어났기에 본래적 존엄(dignity)을 지닌다. 그래서 인간은 어떤 환경, 상황, 조건에도 불구하고 단지 인간으로 태어났기에 존엄성을 존중 받아야 한다. 여기에 인간의 가장 소중한 가치 하나를 더 추가할 수 있다. 인간은 생각하는 존재라는 것이다. 생각하면서 사느냐, 아니면 아무 생각 없이 사느냐의 여부는 각자의 몫이지만 인간이라는 존재로 이 땅에 태어났다는 것은 '생각할 능력을 지닌 존재'로 창조되었다는 의미다. 생각하므로 인간은 인간됨을 고양할 수 있다. 아동인권옹호 선구자들의 가치를 찾는 과정에서 우리는 인간은 존엄성을 존중받아야 하는 존재라는 것과 인간으로 태어났기에 생각하는 능력을 지녔다는 점을 확인할 수 있었다. 동시에 칼 융, 파스칼, 데카르트의 명언을 깊이 새겨볼 수 있었다.

---

32. Descartes, R. (1997). 성찰 (이현복 역) [원저, Meditations on First Philosophy, 1641]. 문예출판사: 자신의 존재를 의심할 수 없는 확실한 지식의 기초로서 생각하는 주체의 존재를 확인한 것이다.

생각하는 옹호가, 사유하는 아동인권옹호가가 되기를 꿈꾸며 배우고 깨닫는 시간은 너무나 소중하다.

한 걸음 더 들어가기

인간은 인간이기에 누구나 태어날 때부터 차별 없이 평등하게 갖게 되는 것이 있는데, 바로 인간의 존엄(dignity)이다. 인간이 인간답게 산다는 것은 그 인간의 존엄을 침해받지 않고 존중받으며 사는 것이다. 인간은 천부적으로 지닌 존엄 외에 또 한 가지의 소중하고 귀한 기능을 갖고 태어난다. 그것은 바로 생각하는 능력이다. 존엄과 생각은 인간이 지니고 누릴 수 있는 귀한 가치다. 우리 모두 존엄성을 존중하고 존중받는 존재가 되자. 깊이 사고하고 사유하므로 함부로 차별하거나 차별받지 말고 배제하고 배제되는 사람 없이 모두 함께 인간답게 사는 세상을 만들기 위해 노력하자.

생각 나누기

'팡세'라는 유명한 작품을 남긴 블레즈 파스칼은 "인간은 생각하는 갈대"라는 명언을 남겼다. 인간이 '생각하는 갈대'란 말은 무엇을 의미할까? 서로 의견을 나누어 보자.

생각 더하기 ➕

　인간의 생각 혹은 사유에 대한 명언을 남긴 철학자들이 많이 있다. 그중 가장 잘 알려지고 깊은 철학적 사고를 요구하는 것으로 르네 데카르트의 명언인 "나는 생각한다. 고로 존재한다"가 있다. 이 세상 모든 피조물 가운데 생각할 줄 아는 피조물은 인간뿐이다. 그러나 많은 사람은 인간됨의 소중함을 하찮게 여기고 아무 생각 없이 살아간다. 데카르트와 같은 시대에 같은 나라 프랑스에서 산 블레즈 파스칼은 "인간은 자연에서 가장 연약한 갈대에 불과하다. 하지만 인간은 생각하는 갈대다"라고 말했다. 우리는 존엄성을 지녔기에 인간이고, 비록 갈대처럼 연약하지만 생각할 수 있기에 인간이다. 모두 인간답게 살아야 한다.

북콘서트

　비형식 교육을 기획하고 진행할 때 가장 중요한 것은 무엇을, 왜, 누구에게 교육하고 훈련할지에 대한 것이다. 같은 주제를 다룬다 해도 교육 대상이 누구냐에 따라 접근하는 방식이 다르고 사용하는 언어도 달라져야 하기 때문이다. 2019년, 아동인권교육훈련을 기획하면서 교육 대상으로 심도 있게 생각하고 주목했던 대상은 서울시 소재 지역아동센터 종사자와 센터를 이용하는 아동이었다. 이들 모두에게 동일하게 아동인권교육훈련이 이루어져야 한다고 생각했다. 당시 서울시에만도 약 4,200여 개의 지역아동센터가 있었고, 센터 운영을 돕는 광역·지역 단위의 지원단이 조직되어 있었다. 다행히 아동인권교육훈련이 절실하다는 생각으로 교육 진행을 의뢰할 전문기관을 찾던 서울의 한 지원단장과 만나 의기투합하여 지난 여러 해 동안 지역아동센터 이용 아동과 종사자를 위한 아동인권교육훈련을 진행했다.

2020년부터 2021년까지는 서울시 지원 사업의 일환으로 자체 신청한 지역아동센터 대상의 '어린이·청소년 인권친화환경 조성을 위한 컨설팅'을 실시했다. 이 컨설팅은 센터 종사자들이 받은 아동인권교육훈련이 현장에서 어떻게 실천되고 있는지, 그 실천이 아동의 삶에 어떤 변화를 가져다주고 있는지를 진단하는 것이었다.

2021년 말은 서울시 소재 지역아동센터의 교육훈련과 컨설팅 사업이 마무리되는 시점이었다. 유니세프에서 진행하는 아동친화도시 인증사업이 전국으로 확대되면서 여러 지자체로부터 아동인권교육훈련을 위한 강사양성 사업 의뢰가 이어지고 있었다. 지자체에서 자체 강사를 양성함으로써 아동인권옹호 활동이 활성화되고 파급효과가 클 것을 기대하며, 우리는 지자체의 요청에 응답하며 강사양성 사업에 집중해왔다. 우리 센터의 상설프로그램인 아동인권옹호전문가 과정도 계속 운영해야 했다. 이런 상황이기에 단기 프로그램으로 운영되는 외부 강의 요청은 자연히 뒤로 미뤄지게 되었다.

그런데 뒤로 미루기 어려운 교육훈련사업 하나가 틈새로 밀고 들어왔다. 울산에서 온 아동인권교육훈련 강의 요청이었다. 지역아동센터 울산지원단 간사는 1년 전에 공동모금회에 제출한 사업제안서가 채택되어 사업을 시행해야 한다고 말했다. 그들은 2023년 울산 지역아동센터에서 근무하는 직원 20명을 대상으로 국제아동인권센터를 통해 아동인권옹호전문가 기본 및 심화 과정을 수료하고, 이후 스터디그룹을 조성해 아동인권 자료를 심도 있게 학습하겠다고 공동모금회에 제안했는데, 그 제안한 사업이 선정됐다는 것이다. 그 사업 제안서 안에는 국제아동인권센터에서 출간한 '우리 아이들에게도 인권이 있다고요!'[33]를 읽고 연구하는 스터디그룹 운영과 북콘서트까지 포함되어 있었다.

  지역아동센터 울산지원단이 국제아동인권센터에 교육 진행을 부탁했을 때, 우리 센터로서는 여러 기존 교육 때문에 일정 잡기가 매우 어려웠다. 그러나 일단 울산에서 신청한 공모 사업이 채택됐고 공동모금회로부터 사업비 지원도 확정된 사업이니 국제아동인권센터도 아동인권 증진을 위한 의무이행자의 책무를 수행해야 하는 상황이었다. 그래서 만사 제치고 일정을 조율했다. 경상북도 한 지자체에서 진행되던 강사양성 과정을 2월 초에 마치고, 3월에 시작될 경기도의 한 지자체 강사양성 사업 시작 전 틈새를 만들어 울산 아동인권교육훈련사업 일정을 마련했다. 그럼으로써 울산 지역아동센터에서 근무하는 20명의 종사자를 대상으로 아동인권옹호가 전문가 과정

---

33. 김인숙, 정병수. (2019). 우리 아이들에게도 인권이 있다고요!. 국민북스

의 기본 및 심화 과정을 진행할 수 있었다.

 울산에서 만난 지역아동센터 종사자들은 아동인권교육을 받고자 하는 열망이 대단했다. 이들 20명은 총 30시간의 기본 및 심화 과정을 이수했다. 특히 주목할 만한 성과는, 교육수료 직후 모든 참가자가 국제아동인권센터에서 시행한 아동인권강사 2급 민간 자격증 시험에 응시해 필기와 실기 시험에 전원 합격한 것이다.

 성공적으로 교육훈련 과정을 마친 후, 이들은 바로 스터디 그룹을 만들어 '우리 아이들에게도 인권이 있다고요!'를 함께 읽으며 학습을 계속했다. 이 모든 과정을 거친 후, 2023년 7월 11일 울산에서 '우리 아이들에게도 인권이 있다고요!' 북콘서트를 열었다. 이 책은 국제아동인권센터 교육훈련연구소 소장인 나와 센터 설립 당시부터 10여 년간 일한 정병수 사무국장이 함께 쓴 책이다. 북콘서트 전반부에서 공동 저자인 내가 책의 내용을 요약 설명했다. 후반부에는 참가자들의 질문을 받는 시간을 가졌다. 나는 책을 쓰게 된 동기와 목적을 말하고, 20개 이야기로 이루어진 책의 내용을 목차별로 설명했다. 특히 아동인권과 관련된 주요 개념이나 지식과 정보, 이론을 적용하여 삶의 변화를 이끄는 기술적 연결고리에 대해 이야기했다. 질의응답 시간을 위해 받은 사전질문서의 대부분은 책을 목차별로 설명하는 과정에서 저절로 해결되었다.

그러나 이들이 가장 궁금해 한 질문은 아동인권 자체보다는 저자에 관한 것이었다. 저자가 50년간 NGO에서 아동옹호가와 아동인권교육훈련 퍼실리테이터로 활동하며 옹호가와 강사를 양성하는 일을 해왔는데, 어떤 계기로 아동인권을 접하게 되었는지, 어떻게 그렇게 긴 세월 동안 한 길을 걸을 수 있었는지, 그 과정에서 지루한 적은 없었는지, 포기하고 싶은 순간은 없었는지 등을 질문했다. 이것은 사실 언론매체와의 인터뷰 때마다 기자들이 빼놓지 않고 물어보는 질문이었다. 그동안 여러 번 이런 질문을 받았지만 결코 싫증나지 않았다. 대답하기도 어렵지 않았다. 나는 항상 같은 대답을 했다.

"전 이 일을 50여 년간 해 왔는데 한 번도 지루하다고 느낀 적이 없었어요. 내려놓고 싶다는 생각도 해본 적이 없었지요. 매일이 새롭고 즐거웠습니다. 많은 사람들이 제가 어떻게 '아동인권'이란 단어가 생소하던 시절에 아동인권을 접하게 되었는지 물었습니다. 제가 아동인권을 담당하는 사람이 된 데에 어떤 특별한 계기가 있었던 건 아닙니다. 대학 졸업 후, 저는 아동인권을 세계 최초로 선포한 아동인권 NGO인 세이브더칠드런으로 이끌렸어요. 1923년에 세계 최초로 아동권리선언문 5개 조항[34]을 발표한 영국의 에글란틴 젭이 1919년에

---

34. 아동권리선언문의 5개 조항의 내용은 다음과 같다: 1. 아동은 정상적인 발달을 위해 필요한 물질적,

창설한 단체에 입사하여 31년 동안 기쁘게 배우며 일했지요. 단 한 번도 이직을 생각해 본 적이 없었답니다. 정말 신나게, 기쁘게 일했어요. 저는 그 조직에 제 뼈를 묻고 싶다는 생각을 했었습니다. 그러나 정년퇴임이란 이름으로 그 조직을 떠나야 했어요. 그때 저는 31년간 배우며 실천한 일을 어디서든 멈추지 말고 계속해야 한다는 신념을 갖고 있었습니다. 그래서 2011년에 이양희 교수(전 유엔아동권리위원회 위원장)와 함께 국제아동인권센터를 설립해 지금에 이르게 되었습니다. 솔직히 그때나 지금이나 달라진 것은 하나도 없습니다."

북콘서트는 그렇게 끝났다. 북콘서트에서는 말하지 않았지만, 내가 하는 일이 늘 신나고 기쁘고 행복했던 또 다른 이유는 아동인권교육훈련의 교수법에 있다. 가르치지 않고 퍼실리테이션하기 때문이다. 퍼실리테이션 교수법으로 가르치면 지루하지 않다. 지루할 수가 없다. 퍼실리테이션 기법은 마법 같은 교수법이다. 언제나 새롭다. 어느 때나 새로운 것을 만나고 배우게 하는 교수법이다. 아동을 중심에 두고, 아동을 위해, 아동과 함께 일하며 사는 소중한 일터와 사명 주심에 감사할 뿐이다.

도덕적, 정신적 조건을 받아야 한다. 2. 굶주린 아동은 먹여야 하고, 병든 아동은 치료받아야 한다. 3. 정신적, 신체적 장애가 있는 아동은 재활을 위한 교육을 받아야 한다. 4. 모든 아동은 음식, 의료, 교육, 착취로부터 보호받을 권리가 있다. 5. 모든 아동은 동등한 인격체로서 권리를 가진다.

한 걸음 더 들어가기

　울산 지역아동센터 지원단이 선정해서 함께 읽고 토론한 책 '우리 아이들에게도 인권이 있다고요!'는 유엔아동권리협약 채택 30주년을 기념해 협약 채택 30년의 여정에서 생각하고 고민하며 깨닫고 나눈 이야기들을 모은 책이다. 1923년, 영국의 에글란틴 젭은 세계 최초의 아동권리선언문(Declaration of the Rights of the Child) 5개 조항을 발표했다. 1924년, 국제연맹(League of the Nations)[35]은 5개 조항의 아동권리선언문에 도입부를 더하여 '아동권리의 제네바 선언'(Geneva Declaration of the Rights of the Child)으로 채택한다. 1959년, 유엔은 10개 조항으로 확장하여 '아동인권선언'(Declaration of the Rights of the Child)을 채택했다. 법적 구속력이 없던 이 선언문은, 이후 조항들이 보완되어 1989년 11월 20일, 유엔에서 국제법인 아동권리협약(Convention on the Rights of the Child)으로 채택되었다.[36] 이 협약은 현재 196개국이 비준하였다. 한 국가가 협약을 비준해 당사국이 된다는 것은 협약에서

---

35. 국제연맹은 유엔(United Nations)의 전신이다.
36. 유엔아동권리협약은 총 54조로 되어있으며, 그 중 1-40조에서 실제적인 아동의 권리에 대해 소개한다.

천명하고 있는 아동의 인권을 반드시 지켜주겠다고 약속한다는 뜻이다.

생각 나누기

세상에는 다양한 직업이 있다. 어떤 일이든 즐겁고 신나게 한다면 힘들지 않고 쉬우면서도 보람차게 할 수 있다. 아동인권교육훈련을 퍼실리테이션 교수법으로 진행하는 것에는 어떤 이점이 있어서 지루함이나 싫증을 느끼지 않을 수 있는지 함께 탐구해보자. 여러분 각자에게도 매일 해도 지치지 않고 신바람 나는 일이 있는가? 그 이유에 대해 생각해보자.

생각 더하기

북콘서트를 주제로 쓴 에세이가 여러분에게 전하고 싶은 메시지는 무엇인가? 이 책 '우리 아이들에게도 인권이 있다고요!'의 주제는 '아동인권 퍼실리테이션'이다. 저자는 북콘서트를 통해 아동인권을 퍼실리테이션하려는 시도를 한 것으로 보인다. 여러분은 어떤 것을 매개로 아동인권을 퍼실리테이션할 수 있는가?

아동인권교육훈련연구소
(Child Rights Education Training Institute·CRETI) -
한 명의 퍼실리테이터가 준비되기까지

　국제아동인권센터(International Child Rights Center·InCRC)는 2011년 4월에 설립된 아동인권옹호 전문 기관이다. 아동인권의 준거인 유엔아동권리협약을 널리 알리고 아동과 아동인권에 대한 국민의 인식을 증진하는 사명을 실천하여 이 땅의 가장 작은 자들이 살기 좋은 세상 만드는 비전 실천을 존재 이유로 태어난 비영리 민간단체다. 아동인권교육훈련연구소(Child Rights Education Training Institute, CRETI)는 국제아동인권센터의 목적 사업인 아동인권교육훈련의 전 과정을 기획하고 연구하는 곳이다. 아동인권교육훈련 과정을 강의식이 아닌 워크숍 형태로 진행하면서 아동인권의 지식과 정보, 기술과 태도를 깨우쳐 내재화할 수 있도록 기술을 연마시키는 일종의 훈련소다. 연구소는 공간적인 개념이기보다는 일종의 '교육훈련 플랫폼', 즉 아동인권교육 관련 연구, 기획, 개발, 훈련을 통합적으로 지원하는 기능적 개념의 일터다.

참여자가 기본 과정을 시작으로 심화 과정을 마치면 아동인권옹호전문가로 활동할 수 있는 아동인권교육훈련 옹호전문가 과정으로 진입한다. 옹호전문가 과정을 수료하면 마지막 과정으로 아동인권을 교육하고 훈련할 수 있는 강사 과정에 다다른다. 이러한 일련의 과정은 국제아동인권센터가 상시 운영하는 아동인권옹호전문가 과정(Child Rights Advocate, CRA)으로 기본, 심화, 옹호전문가, 교육훈련가 등 4단계로 진행된다. 지난 10여 년간 아동인권옹호전문가 과정을 수료한 옹호가들은 한국 사회 다양한 분야에서 아동인권에 기반한 아동옹호 활동을 하고 있다. 최근에 서울시를 비롯한 지자체들이 아동친화도시를 만드는 작업을 시작했다. 그래서 서울시에서부터 전국으로 아동인권 강사양성 사업이 퍼지고 있다.

'아동인권교육훈련 강사양성과정 사업'은 2011년에 서울시 어린이·청소년 인권조례가 제정되고 서울시 어린이·청소년 인권위원회가 조성되면서 시작됐다. 서울시는 어린이·청소년 인권증진 3개년 사업계획을 수립하며 3개의 큰 목표를 세웠다. 3개 거대 목표 중 하나가 '어린이·청소년 인권교육 확산'이었다. 국제아동인권센터는 이 목표를 달성할 기관 선정을 위한 공모사업에 응모했다. 사업설명회를 거쳐 공개입찰을 통해 서울시 어린이·청소년 인권교육 증진 및 확산을 책임지는 기관으로 국제아동인권센터가 선정됐다.

　어린이·청소년 인권교육훈련을 증진, 확산하기 위해 본 센터가 우선순위에 두고 제일 먼저 개발한 사업이 아동인권교육훈련을 진행할 수 있는 아동인권강사를 양성하는 것이었다. 서울시 어린이·청소년 인권 교육훈련 강사양성 프로그램은 1기, 2기, 3기 등 세 번에 걸쳐 단계적으로 진행되었다. 1기 강사가 양성되면 바로 교육 현장에 투입되고, 2기 강사들이 그 뒤를 따르며, 3기 강사들이 계속 양성되어 현장에 투입되었다. 3기에 걸쳐 양성된 강사는 100여 명이 되었다. 수료생들 가운데 국제아동인권센터에서 파견하는 서울시 아동인권강사로 수년간 꾸준히 활동하는 강사의 수는 30여 명에 이른다.

　서울시 강사양성 과정을 시작으로 강사양성 사업은 전국으로 빠르게 확산되었다. 경기도 화성시에서 1기, 2기 강사가 양성되었고 전라도 광주, 경상도 구미, 인천 남동구, 서울 강서구, 제주도 등 전국 지자체에서 강사양성 과정을 진행했다. 최근 많은 지자체가 아동친화환경 조성을 위한 노력을 하고 있다. 아동친화도시로 인증받기 위해서는 준비부터 인증이 완료될 때까지 모든 과정이 세심하게 점검되어야 한다. 더 중요한 것은 지자체들이 이름만의 아동친화도시가 아닌 내실 있는 전략을 수립하여 아동의 최상 이익을 고려한 아동정책이 현장에서 실시될 수 있도록 진정한 내적 변화를 이루는 것이다. 이를 위한 지자체들의 진정성 있는 노력이 중시되는 이유다. 아동친화도시로 인증을 받은 지자체는 자체적으로 아동인권강사를 양성함으로써 일회성이 아닌 지속적인 인권교육 활동과 아동옹호 활동을 전개할 수 있다. 그럼으로써 진정한 아동인권 친화환경을 조성하려는 활발한 움직임이 이어지는 긍정적 선순환 구조가 마련된다. 이런 일들이 지금 전국 지자체에서 일어나고 있는 것은 아주 희망적이다.

　이런 맥락에서 지자체별 강사양성 과정은 지속적으로 활성화되고 있다. 국제아동인권센터가 2014년 서울시에서 시작한 강사양성 과정이 전국으로 퍼져가고 있다. 국제아동인권센터 아동인권교육훈련연구소(CRETI)는 아동인권의 준거인 아동권리협약을 중심으로 치밀하게 교안을 작성하고 있다. 특별히 수강생들이 아동인권의 가치와 주요 개념을 쉽게 이해하고 숙지하도록 교안을 작성한다. 아동인권이 삶의 현장에서 존중·보호·실현되도록 권리주체자와 의무이행자 간의 선순환 관계를 구조적으로 이해하도록 돕는 훈련과정을 준비한다. 아동인권침해 사례를 분석해 의무이행자와 권리주체자의 상관관계를 심도 있게 다룰 수 있도록 훈련계획을 수립한다. 4단계로 짜인 아동인권옹호가 전문과정의 마지막 단계인 교육훈련 과정에서는 현장에서 적용될 수 있는 기술을 습득하는데 중점을 둔다. 이를 위해 수강생들이 교육훈련 과정을 촉진하고 이끄는 퍼실리테이션 교수법을 배워 현장에서 사용할 수 있도록 퍼실리테이션과 퍼실리테이터에 관한 주요 이론과 실제를 훈련받을 수 있도록 한다.

퍼실리테이션 교수법을 아동인권교육훈련 워크숍에 적용하기 위해서는 다양한 능력과 자질, 성품이 요청된다. 무엇보다 아동인권에 대한 수준 높은 지식과 정보 이해, 적용 및 활용 능력은 기본적으로 갖춰야 할 주요 기능이다. 여기에 더해 기존에 확립된 지식과 현장과의 적절한 연계를 이루고, 피드백과 추적 활동을 원활하게 진행할 수 있으려면 남다른 인권감수성을 지녀야 함은 물론이고 탁월한 통찰력과 직관력이 요청된다. 그리고 퍼실리테이터로서 사람들로 하여금 기꺼이 인권을 배울 수 있도록 견인하는 자질과 성품, 리더십이 있어야 한다. 한마디로 '준비된 훈련가'가 되어야 한다는 말이다. 아동인권교육훈련에서 한 명의 예비 퍼실리테이터를 양성하기 위해서는 최소 100시간의 교육이 필요하다. 예비 퍼실리테이터는 훈련 과정 말미에 각자 자신이 개발한 아동인권교육훈련 프로그램을 기반으로 실제로 현장에 나가 강의 시연을 한 후 자기 평가서를 작성, 발표하고 확인받음으로써 준비과정을 마친다.

　준비과정이 끝난 예비 퍼실리테이터들은 각자 현장에 나가 시행착오를 겪으며 실패와 성공을 경험하게 된다. 한 사람의 '아동인권교육훈련 퍼실리테이터'로서의 여정을 시작하는 것이다. 자신이 알고 있는 지식과 정보를 자랑하지 않고 그것을 내재화하여 삶의 현장에서 녹여내는 결코 쉽지 않은 과제들을 안고 가는 것이다. 한 명의 예비 퍼실리테이터는 다양한 환경 가운데 배운 모든 것을 삶으로 증명하며 진정한 퍼실리테이터가 되어간다. 아동인권교육훈련 퍼실리테이터로 계속 성장하기 위해서는 일상에서 만나는 모든 일을 아동인권의 관점으로 바라보는 습관을 길러야 한다. 문학작품이나 영화, 드라마, 뮤지컬, 연극, 신문기사 등 다양한 매체와 콘텐츠가 아동인권교육훈련의 활동 개발 자료로 쓰일 수 있다는 점을 유념해 그런 것들을 볼 수 있는 안목과 기술을 익히며 터득해야 한다. 아동인권의 관점으로 사물을 보기 시작하면 어떤 경우에도 인권친화환경을 조성할 수 있다. 아동인권 퍼실리테이터는 일상에서 보이는 인권침해 문제를 민감하게 여겨 침해 요인 규명은 물론 책임소재를 찾아내어 해결안을 마련하고, 예방책을 강구함으로써 자신이 거하는 사회 전반에 아동옹호 문화를 조성하는 진정한 활동가가 될 수 있다.

한 걸음 더 들어가기

아동인권교육훈련을 퍼실리테이션한다는 것은 아동인권교육훈련을 '쉽게 이끌어 현장에서 실천이 가능하도록 촉진하는 것'이라고 설명할 수 있다. 아동인권교육훈련을 촉진하는 사람을 퍼실리테이터라고 부른다. 전문 인권옹호 기관인 국제사면위원회(Amnesty International)는 퍼실리테이터를 매우 적절한 언어로 다음과 같이 정의한다.

"퍼실리테이터는 일방적으로 지도하는 사람이 아니라, 참가자들에 대한 민감성을 바탕으로 융통성 있게 참가자들의 실천적인 학습과 역량 강화에 활력을 주는 사람이다."

생각 나누기

아동인권교육훈련 퍼실리테이터가 되기 위한 기본요소로 탁월한 인권 전문성과 민감한 인권감수성을 들 수 있다. 퍼실리테이터가 되기 위한 자질과 역할은 어떤 것이 있는가? 퍼실리테이터가 되기 위한 자질 3가지 및 역할 3가지를 적어보자.

생각 더하기 ➕

유능한 퍼실리테이터를 다음과 같이 묘사할 수 있다.

* 참가자들에 대해 민감하게 반응하는 사람(퍼실리테이션은 쌍방통행의 소통이다)
* 정답 맞추기가 아닌, 융통성 있게 참가자의 실천적 학습에 활력을 불어넣는 능력의 사람
* 참가자의 경험을 존중하고 참가자 경험 수준에 맞춰 교육을 진행하는 사람
* 참가자가 자유롭게 질문하고 토론할 수 있는 장을 조성할 줄 아는 사람
* 참가자들의 개별적이고 인격적이며 적극적 참여를 이끄는 역할을 하는 사람
* 참가자의 방어적이고 냉담한 태도나 신랄함, 적의의 찬 시선을 긍정적으로 바꿀 수 있는 능력과 인격의 소유자
* 참가자를 이끌어 함께 세운 달성 목표에 도달하도록 기술적으로 지지하고 돕는 사람
* 자기 의견을 내세워 토론의 주제로 삼지 않는 사람
* 참가자들이 토론 과정에서 의견 불일치, 갈등, 상반된 주장으로 분쟁이 있을 시 토론과 의사소통 기술을 통해 해결할 수 있도록 인도하는 능력의 소유자
* 경청과 의견수렴 기술, 공감능력이 탁월한 사람
* 산모의 출산을 돕는 조산원의 역할을 하는 사람
* 전문가지만 자신의 전문성을 드러내거나 발표하지 않는 사람
* 교육 참가자들의 지식, 경험, 기술을 이끌어 내고 부족한 부분을 함께 메워가는 작업에 능숙한 사람

퍼실리테이션의 피드백과 추적
(Feedback & Follow Up)

학습(study)은 자신의 지적 수준이 더 나은 방향으로 발전하고 변화하길 기대하면서 노력하는 활동이다. 따라서 학습하는 대상이 무엇을 배우고자 하는지 이해하고 교육훈련의 내용을 준비하는 것은 매우 중요하다. 그러나 그보다 더 중요한 것은 그 지식이나 정보를 어떻게 전달하여 깨달음을 주는가이다. 학습자가 자발적으로 관심 갖고 어떤 주제를 배우기 위해 교육훈련에 참여하는 경우, 그들이 교육훈련 프로그램을 통해 터득한 지식과 정보를 그들의 삶에 적용하고 변화를 이끌어 내는 연결고리를 찾는 기술이 요청된다. 교육훈련 과정을 통해 배움과 깨달음이 함께 일어나도록 이끄는 교수법이 퍼실리테이션 기법이다. 즉, 교육훈련을 통한 변화를 담보할 수 있는 교수법이 관건이라는 것이다. 아동인권 인식 증진을 위해 아동인권교육훈련을 진행하는 국제아동인권센터의 아동인권교육훈련연구소는 아동인권을 알고 삶에서 아동인권에 기반하여 모든 업무를 수행하는 다양한 연령층의 사람들을 대상으로 개발한 프로그램을 그들과 함께 진행하며 훈련한다.

　이러한 비형식 교육 외에도 공교육 과정을 이수해야 하는 아동·청소년이 다양한 이유로 인해 학습에 집중하지 못하거나, 그들이 처한 환경 혹은 상황으로 인해 학습 진도를 따라가지 못하거나 뒤처져 흥미를 잃어 누군가의 특별한 도움이 필요한 경우, 쉬운 배움을 통해 삶의 변화를 이끌 수 있는 유익하고 재미있는 퍼실리테이션 교수법으로 청소년들과 함께 교육훈련을 진행한다. 이는 아동의 발달권 증진에 더없이 중요하고 필수적인 노력이다. 아동복지 시설을 이용하거나 생활하는 아동·청소년 모두에게 유엔아동권리협약이 최소한의 기준으로 제시하고 있는 아동의 기본권이 얼마나 잘 보호되고 존중, 실현되는지 스스로 진단해 보는 기회가 될 수 있다. 대부분 시설에서는 아동의 생존권과 보호권 보장에 집중하는 경향을 보인다. 아직도 아동인권 보호·실현·충족에 부족함이 보이는 것은 발달권과 참여권 증진을 위한 노력과 접근법에서 뭔가가 결여되어 있기 때문이다.

　2023년, 컨설팅 사업을 수행하기 위해 서울시에 있는 한 아동복지시설을 방문했다. 아동이 생활하는 양육 시설에 '아동인권친화환경'이 조성되어있는지 진단하는 컨설팅이다. 우리가 방문한 아동양육 시설에서 심층 인터뷰를 위해 조직의 실무책임자, 중간 관리자, 생활 지도사를 만났다. 그들은 시설에서 계획하는 모든 아동복지사업은 아동인권의 준거인 유엔아동권리협약을 기반으로 아동권리프로그래밍(Child Rights Programming·CRP)을 하고 있다고 자신 있게 말하며 하나의 사례를 들어 설명했다. 최근 시설에서 종사자들과 아동이 모두 중요하게 생각하는 아동인권 이슈 중 하나가 아동의 놀 권리와 학습할 권리의 균형을 맞추는 일이라고 했다. 협약의 4대 권리 중 발달권과 참여권 증진에 힘쓰는 모습이 보여 반가웠다. 놀 권리 증진을 위한 사업 준비는 비교적 빠르게 진행되었다.

반면에 학습권 증진을 위한 준비는 시행착오를 겪으며 시간이 걸렸다. 아동양육 시설에서는 가능한 작은 수의 인원이 한 방에서 생활하는 '소숙소제'를 시행한다. 그러나 서로 성격과 기질이 많이 다른 아동들이 한 공간에서 생활하다 보니 각자 공부에 집중하고 몰입할 수 있는 환경 조성이 부가적으로 필요했다. 아이들의 학습증진을 위한 별도의 공간이 먼저 마련돼야 했기에 학습을 위한 공간을 따로 만들고 개별학습과 그룹학습이 가능한 별도의 공간을 조성했다. 작은 독서실의 기능을 갖춘 방을 생활공간과 분리된 곳에 마련했다. 학습권 증진 사업을 관리할 담당자를 고정 배치하고, 학습권 증진을 지원해 줄 대학생 자원봉사자를 모집했다. 많은 대학생 봉사자들이 관심과 성의를 보이며 열심히 아이들과 지내면서 학습지도에 열심을 냈다.

그러나 시간이 지나면서 젊은이들의 열정이 식고 학습증진 프로그램이 활기를 잃으면서 기대대로 학습증진의 성과는 나타나지 않았다. 사업성과 측정을 위한 중간점검 모니터링 결과, 대학생 자원봉사자들이 열정을 보였다는 것만으로는 학습증진에 도움이 될 자질을 갖추었다고 판단하기에 충분하지 않다는 것을 깨달았다. 이에 사업의 전략을 바꿔 자질과 역량을 갖춘 젊은이들을 아동의 학습 도우미로 새로 모집하고 소정의 봉사료도 지급했다. 열정이 있고, 가르치는 일도 좋아하고, 가르치는 기술에 대한 전문적 소양을 갖춘 젊은이들을 찾았다. 시행착오 후에 사업계획을 변경하고 보완한 전략적 접근으로 인해 아이들의 놀 권리와 학습권 증진 사업이 서서히 균형을 이뤄갔다. 학습권 증진 사업을 위해 사업계획서를 개선하고 사업비를 지원해 주는 후원단체와 연결되어 사업의 성과를 이루게 됐다.

아동의 학습능력을 개선하고 그들로 하여금 배움과 깨달음을 얻게 하는 데는 학습 도우미의 열정과 봉사 정신도 중요하지만 가르치는 기술과 전문성이 담보되어야 했다. 지속 가능한 학습권 보장을 위해서는 배움의 자리에 있는 아동의 존엄성을 존중하고 그들의 발달 특성을 파악한 후, '어떻게' 도움을 주어야 할지에 대한 깊은 생각과 연구 과정이 필요했다. 대학생 봉사자들의 경우에는 일시적 열정이나 취미 이상의 것이 필요했다. 적절한 지식과 기술에 더해 아동기를 살아가는 사람에 대한 진정한 이해와 관심 그리고 인내와 사랑이 필요했다.

컨설팅 인터뷰 과정에서 종사자들은 1차 사업수행에서 시행착오를 겪은 후, 중간평가 모니터링의 결과를 기반으로 사업계획을 변경하고 새로운 전략을 세워 부족한 부분을 보완함으로써 아이들의 학습능력에 긍정적인 변화가 이뤄지는 과정을 보고 매우 만족했던 경험을 전해주었다. 국제아동인권센터의 컨설팅은 단순히 조사하고 지적하는 것을 목적으로 삼지 않는다. 컨설팅은 대상 시설이나 조직의 종사자들이 아동과 함께 하는 환경-물리적 공간이나, 사업 계획 및 이행 등-에서 아동인권친화환경이 잘 조성되어있는지를 진단한다. 이것은 그들이 아동을 위해 제공하는 모든 활동에 아동인권이 존중되고 통합되어 있음을 확인하기 위함이다. 심층적이고 진솔한 대화를 통해서 컨설턴트는 시설의 물리적 환경과 정서·심리적인 환경을 진단하고, 세심한 관찰과 인터뷰한 내용을 바탕으로 시설의 아동인권친화환경 조성의 수준을 진단한다.

국제아동인권센터의 컨설팅 사업은 아동인권교육훈련과도 긴밀히 관련되어 있다. 센터에서 진행하는 아동인권교육훈련은 퍼실리테이션 기법을 교수방법으로 사용한다. 이 과정에서 중요한 역할을 하는 것이 피드백(Feedback)과 추적(Follow-up)의 과정이다. 피드백은 탁월한 경청과 공감 능력이 중요하게 작용하게 하고, 추적 활동은 교육 전체의 흐름을 파악하여 교육생들의 일상이나 일터에서 실제로 변화를 담보할 수 있도록 돕는 것이다. 이러한 추적 활동은 주로 컨설팅 사업을 통해서 확인할 수 있으므로, 컨설팅 사업은 아동인권교육훈련사업과 매우 밀접한 관련이 있다. 컨설팅은 아동·청소년을 위한 기관이나 시설 종사자들과 당사자인 아동·청소년을 대상으로 시행하는 아동인권교육훈련의 성과로 인해 현장이 어떻게 '아동인권친화적인 문화'로 발전되고 있는지 직접 종사자들과 만나 편안하게 이야기를 나누는 과정을 통해 이뤄진다. 교육훈련사업의 성과를 측정하거나 교육 후의 변화를 추적(follow-up)하는 활동이라고 할 수 있다.

안타까운 것은 다양한 아동복지 시설 종사자와 당사자인 아동·청소년들이 1년에 소정의 아동인권교육을 수료하는 것이 의무조항이기에 아동인권교육을 온라인으로 수료하는 경우가 다수라는 사실이다. 그것으로 의무조항을 이행했다고 하기에는 뭔가 부족하다. 컨설팅 과정에서 인터뷰를 통해 온라인으로 교육 이수를 한 대부분의 종사자들과 아동·청소년들이 교육 내용의 핵심이 되는 개념조차 숙지하지 못하고 있었다. 교육 따로, 현장업무 따로 식으로 일이 진행되고 있었다. 국제아동인권센터의 아동인권 교육훈련과정은 센터의 아동인권교육훈련연구소의 심도 있는 교안과 적절하게 개발된 적용 활동으로 구성된 내용을 대상자들이 깊이 이해하고 내재화하도록 한다. 구체적으로는 '유엔인권교육훈련선언문'[37]에 기반해 지식, 기술, 태도, 행동의 단계로 접근하며 학습자와 퍼실리테이터가 하나가 되어 함께 배워나가는 교육훈련이다. 우리 센터의 아동인권교육훈련 퍼실리테이션은 피드백과 추적 활동을 통해 적용되는 지속 가능한 교육으로 반드시 현장에서 필요한 변화를 담보하고 있다는 점이 특징이다.

---

37. 본 선언문은 인권교육훈련은 인권에 관한 교육이어야 하고, 인권을 통한 교육이어야 하며, 인권을 위한, 즉 인권교육을 통해 자신의 권리를 실천하고 향유하며 상대방의 권리를 존중하고 보호할 수 있는 역량강화를 지향해야한다고 설명한다.

한 걸음 더 들어가기

　국제아동인권센터의 아동인권교육훈련 퍼실리테이션 과정에서 매우 중요한 활동이 피드백과 추적이라 할 수 있다. 피드백은 교육훈련 현장에서 이뤄진다. 추적은 교육훈련을 마친 후, 아동을 위해 아동과 함께 일하는 종사자들이 아동과 함께 하는 사업 현장에서 그들이 배운 지식과 정보, 기술 및 태도를 얼마나 현장에서 잘 적용하여 실현하고 있는지 진단하는 아동친화환경조성 컨설팅을 통해 이뤄진다.

생각 나누기

　아동인권교육훈련에서 피드백은 무엇이고 어떻게 하는 것인가?
　추적(follow-up)이란 무엇이며, 왜 하는가?
　여러분이 하는 일에서도 피드백과 추적이 필요한 일이 있을까? 혹시 피드백과 추적을 통해서 여러분이 하는 일이 더욱 효과적이었던 경험이 있으면 함께 나눠보자.

생각 더하기 ➕

   국제아동인권센터의 아동인권교육훈련 과정은 전문성과 고유성을 특징으로 삼는다. 현장에서의 변화를 담보로 교육훈련하기 위해서는 퍼실리테이터가 참가자들과 긴밀한 소통을 하면서 교육이 진행되어야 한다. 그렇지 않으면 적절한 피드백을 제공할 수 없다. 피드백 과정이 없거나 적절치 못할 경우 교육생의 배움과 깨우침이 명료화되지 못해 현장 적용이 어려워지고 변화를 기대하기 어렵게 된다.

   국제아동인권센터에서 진행하는 교육훈련은 한번 배우고 끝내는 교육이 아니다. 한 회기 마치고 다음 회기가 시작되는 도입부에서 바로 전 회기에 배운 것의 기본 요소를 다시 한 번 추적하는 시간을 가진다. 그렇게 기억되고 내재된 첫 회기의 내용 위에 한 단계 더 높고 깊게 두 번째 회기를 퍼실리테이션한다. 피드백과 추적은 교육 현장에서 반복적으로 진행되고 별도의 컨설팅 과정에서 심도 있게 다루게 된다.

생각과 성찰로 이끄는 퍼실리테이션

인간이 살아가는데 가장 어려운 것이 '나', 즉 '자아'의 문제인 것 같다. 나라는 존재가 너무도 중요하기에 내가 타인과 만나 인간관계를 맺는 과정에서 좋은 일도 있지만 어려운 일도 생긴다. 내가 세상을 살면서 '자기'가 강하고, 지는 것을 싫어하고, 손해 보는 것을 견디지 못하는 사람들과 잘 지내며 문제 발생을 사전에 방지하는 법을 배우게 된 데에는 특별한 계기가 있었다. 어머니는 류마티스 관절염으로 고생을 많이 하시다 86세에 소천하셨다. 어머니가 돌아가시기 얼마 전, 이런 말씀을 하셨다.

"3남 2녀를 낳아 길렀다. 모두 건강하고 화목한 가정을 이루고 잘 살아주어 고맙다. 하나같이 개성이 강하고 서로 다른 성품과 기질을 가졌는데도 화목하게 잘 지내주어 고마운 마음이다. 내가 떠난 후에 혹시라도 너희 형제자매간에 이해관계에 따른 불화나 의견 충돌로 인해 동기간에 의가 상하는 일이 생기지 않을지 걱정된다. 물질적으로 잘살고 못사는 문제보다 더 중요한 것은 지금처럼 화목한 가정을 잘 유지하는 거다. 맏딸인 네가 형제자매간에 서로 사랑하고 주님 안에서 화목하고 평화롭게 잘 살도록 이끌어 주기 바란다. 엄마는 널 믿는다."

나는 이렇게 말했다. "엄마, 왜 그런 걱정을 하세요? 우리 형제자매 모두 착하고 우애가 깊어요. 혹시 누군가가 자기 생각을 고집하면 들어주고 받아주면 되지요. 이해관계가 생기면 먼저 져주면 되잖아요. 지는 게 뭐가 힘들어요? 이기는 게 힘들지!" 내가 웃으며 말하니 엄마는 안심이 된다고 하셨다. 내가 어머니께 그렇게 말씀드린 것은 내가 그렇게 살겠다고 어머니께 약속한 것이다. 나의 형제자매뿐 아니라 세상살이 가운데 만나는 모든 사람과의 관계 맺음에서 '지는 삶'을 살겠다고 약속드린 것이다. '영원한 내 편'인 어머니가 세상에 계시지 않아도 난 동기간이나, 일터의 동료들 그리고 교회 공동체 안의 모든 이들과 이해, 화해, 용서, 사랑의 영적 여정을 살겠다고 스스로 다짐했다.

나는 누구인가? 존재론적으로 '나'라는 한 인간은 누구라고 정의 내릴 수 있을까? 내가 누군지 명확하게 아는 것은 한 인간에게, 특히 인권을 강의하는 사람에게 매우 중요한 일이다.

그래서 인권을 말하는 사람으로서 나는 늘 나 자신이 누구인지 생각하고 성찰한다. 나는 아동인권을 가장 쉬운 방법으로 가르치는 것을 사명으로 삼고 있다. 평생 아동인권을 다양한 사람들에게 설명해 왔다. 앞으로도 그럴 것이다. 내 일이 효과적으로 이뤄지기 위해서는 우선 내가 누구인지 그리고 나는 무엇인지 명확하게 정의 내릴 수 있어야 한다. 그래야 아동인권이란 주제를 다양한 방법으로 접근해 갈 수 있다. 나와 아동을 존재론적으로 명확하게 정의 내리는 것이 모든 교육훈련 과정의 기초이고 전제되어야 하는 조건이다.

사람들은 인권, 혹은 아동인권을 배우는 것을 특별한 일로 어렵게 생각한다. 나는 인권은 내가 인간이란 것을 명확히 자각하고 인간은 세상에 나올 때부터 존엄함을 지닌 '값지고 귀한 존재'라는 것을 확인하는 것이라고 생각한다. 나는 나에 대한 명확한 인식을 함과 동시에 아동이 누구인지를 깊이 생각한다. 몇 살이건, 어떤 가정에 태어났건, 건강한 아이로 태어났건 병약한 아이로 태어났건, 장애가 있건 없건 상관없이 인간의 존엄성을 가지고 태어난 모든 아동의 존엄은 존중과 지킴을 받아야 하는 것임을 명확하게 인식해야 한다. 아동인권교육은 그 기반 위에 하나씩 벽돌을 쌓아가는 활동이라고 할 수 있다. 그러므로 우리 모두, 특히 아동인권에 관여하는 자들은 자신과 아동이 누구인지 명확하게 알아야 한다.

'아동인권교육훈련에서 열매를 맺는다는 건 무얼 말하는 걸까? 나는 누구인가?'란 질문을 끊임없이 하며 사는 사람은 별로 없는 것 같다. 아동인권교육훈련 워크숍을 진행하며 참여교육생들에게 '나는 누구인가? 나는 무엇인가?'를 생각하며 글로 표현해 보자고 활동 제안을 하면 이구동성으로 "질문이 너무 어렵다"고 한다. '나는 누구인지'에 대해 답하는 게 왜 어려운가? 결코 어려운 질문이 아니다. 그냥 존재론적으로 적어보자. 정답을 맞춰야 하는 질문이 아니라고 안내해도 사람들은 정답을 찾으려 애쓴다. "우리 질문에는 정답이 없고 '여러분의 생각이 바로 정답'입니다"라고 격려하면 그제서야 한 사람 두 사람 용기를 내어 써서 붙인다.

'나는 나다. 나는 여자다. 한 남편의 아내. 두 아이의 엄마. 나는 교사, 나는 복지사. 나는 긍정적으로 열심히 사는 중년 남성…'

위와 같이 표현한 뒤에는 구체적으로 '나'를 설명한다. 가령 두 아이를 둔 선생님은 '나는 누구인가?'에 대한 존재론적인 답으로 '나는 교사'라고 쓰고, '나는 무엇인가?'에는 '나는 두 아이의 자랑스러운 엄마'라고 쓴다. 이 활동에서 내가 누구인지 깊이 생각한 일 없이 정신없이 사는 우리 모두의 모습이 보인다. 그리고 질문에 대한 명확한 의미를 파악하지 못하기도 한다. '내가 누구인가?'와 '내가 무엇인가?'라는 일견 비슷한 것 같은 두 개의 질문을 던졌을 때엔 서로 다른 답을 기대하고 있다는 것을 인지하지 못한다. 아동인권교육훈련 프로그램을 진행할 때마다 같은 현상이 나타나는 것을 보면서 '왜 우리의 질문이 어려운 질문이 되는지'를 성찰하게 된다. 왜 많은 사람은 이 질문에 답하는 것을 어렵게 여길까? 사람들은 생각하는 시간을 누리지 못한다. 주입식으로 배운 지식과 정보가 많이 축적되어 정답이 있는 개념이나 어려운 이론을 물으면 척척 대답한다. 그러나 생각해 본 적이 없거나 답을 외운 적이 없는 질문을 받으면 당황해 한다. 정답을 말해야 하는데 정답을 배운 적이 없는 질문이기 때문에 당황스럽다. 대답했다가 틀리면 망신스러울까봐 걱정한다. '질문에는 반드시 정답이 있다'고 믿으며 살았기에, 외우지 못한 답을 잘못 말해서는 안 되기에 당황해 하는 것이다.

반복해서 외운 지식의 보고에서 꺼내어 답할 수 있는 질문에는 답이 쉽게 나온다. 그러나 생각에 생각을 거듭하고, 다시 숙고에 숙고를 거듭해 답을 만들어 내는 것은 힘들어 한다. 대한민국의 전통적 주입식 교육 경험의 결과가 이렇게 나타나는 것 같다. 한국 교육은 경쟁을 유발하고 우열을 가린다. 정답을 맞히면 우등한 학생이 되고, 정답을 맞히지 못하면 열등한 학생이 된다. 이러한 학교 교육의 결과, 성인이 되어 어엿한 사회구성원이 되어도 여전히 정답을 맞히려 노력하게 된다. 흑백 논리와 이분법적 사고방식을 고수하는 것이다. 그러다보면 사회 전체적으로 아무 생각 없이 타인을 무시하고 평가하고 비난하는 문화가 양산될 수 있다. 칼 융은 "생각하는 것은 어렵다. 그래서 생각 없이 타인을 판단하는 것"이라고 했다. "인간은 생각하는 갈대"라는 철학자 르네 데카르트의 말처럼 인간은 모두 약하고 부족하다. 그러나 인간은 '생각하는 갈대'이기 때문에 생각을 통해 함부로 다른 사람을 섣불리 판단하지 않는 지혜를 얻을 수 있다. 사고하고, 생각하고, 성찰하는 습관은 배우고 훈련하지 않으면 할 수 없다. 훈련 없이는 생각에서 머물고 만다.

퍼실리테이션 교수법은 교육 초반부터 생각하고 성찰하는 훈련으로 시작한다. '나는 누구인가? 아동은 누구인가?' 이 두 개의 질문을 존재론적으로 정의하기 위해서는 잠시 생각해야 한다. '나는 누구일까? 어떤 존재일까? 아동은 누구일까? 아동은 어떤 존재일까? 우리는 존재론적으로 서로 다른 존재일까?'

이렇게 생각하고, 숙고하고, 성찰하면서 시작하는 퍼실리테이션 기법의 아동인권교육훈련을 제대로 숙지하면 자연스레 인권감수성이 향상된다. 인권감수성이 민감한 사람은 다른 사람을 함부로 평가·판단·비난하지 않는 존재로 변화된다. 퍼실리테이션 교수법으로 배우는 아동인권교육훈련은 변화를 담보로 하기 때문이다.

한 걸음 더 들어가기

'나는 누구인가? 아동은 누구인가?'라는 두 개의 질문에 존재론적으로 답하라고 주문하면 교육 참가자들은 질문이 어렵다고 한다. '존재론적'이란 말이 어렵다는 것이다. 때로는 우리말이 영어보다 어려울 때가 있는 것 같다. 존재는 영어로 'be' 혹은 'being'으로 '있다', '존재'라고 번역할 수 있다. 이는 영어의 가장 기본적인 동사다. 다음으로 '하다' 혹은 행동을 설명하는 영어 동사는 'do'다. 행위와 존재를 구분할 수 있게 되면 '나는 누구(who)인지'에 대한 질문에 존재론적으로 답할 수 있다. 그러나 '나는 무엇(what)인지'란 질문에는 내가 하는 일, 즉 직업을 말하면 된다.

생각 나누기 ➗

'나는 누구인가?'를 존재론적으로 답하라는 질문에 "나는 교사다", "나는 의사다", "나는 사회복지사다"라는 답변은 적절한 것인가?

'아동은 누구인가? 나는 누구인가?'라는 질문에 대해 존재론적으로 생각을 적어보라. 존재론적으로 아동과 나는 다른가?

생각 더하기 ➕

이 세상 모든 사람이 입에 달고 사는 말이 있다. "바쁘다. 바빠!" 너무 바빠서 차분히 생각할 겨를이 없다. 누구보다 바쁘게 사는 사람들이 국제아동인권센터 아동인권교육훈련 과정에 참여한다. 아동을 위해서 아동과 함께 일하는 분주한 일꾼들이다. 현재도 잘하고 있는 일을 더 잘하기 위해서 교육훈련에 참가한 것이다. 현재 하고 있는 일을 더 잘할 수 있는 비법 혹은 심오한 지식을 빨리 배워가길 원한다. 그러나 훈련 과정에서는 그들에게 어려운 개념도, 심오한 비법도 가르치지 않는다. 알고 있다고 생각해 온 것들을 조금 다른 방식으로 설명한 후 활동을 제시한다.

처음에 질문을 받으면 '뭘 하라는 거지?'라고 생각하며 서로 정답을 찾으려고 옆 사람을 본다. 그러나 누구에게서도 답을 찾지 못한다. 제시된 활동에 대한 해결안은 자신에게만 있기 때문이다. 자신의 경험에 근거해 숙고하면서 자기 생각을 정리해 발표하면 된다. 처음엔 어렵고 어색하지만 몇 시간 지나면 퍼실리테이션 교수법에 익숙해진다. 그때부터는 남의 눈치 보지 않고 다음과 같이 자기 생각을 말할 수 있게 된다.

"아동은 인간이다. 인간으로 태어났기에 인간의 존엄성을 존중 받아야 하는 존재다. 아동은 독립된 객체이고, 유일하고 소중한 존재다. 나 역시 이 땅에 단 하나인 유일무이한 존재, 존엄성을 존중받아야 하는 존재다."

이 땅의 모든 사람은 어떤 환경, 어떤 조건에서 태어났건 모두 인간의 존엄성을 존중 받아야 하는 존귀한 존재임을 정의할 수 있게 된다.

아동보호 실천 vs 아동인권옹호

한 해 사업을 마무리하며 서울시 사업팀을 새롭게 꾸렸다. 신입직원 채용 공고를 내고 후보자를 모집했다. 채용 면접위원은 센터의 사업총괄자와 외부전문가 2명 등 3명으로 구성됐다. 사업 운영 규정에 따른 조치다. 외부전문가는 국제아동인권센터가 진행하는 아동인권옹호전문가 교육훈련 과정을 수료한 사람으로, 현장에서 아동을 위해 일하는 경륜 있는 전문가다. 한 명의 신규직원을 뽑는 데 19명의 후보자가 서류를 제출했다. 19명 중 서류전형에 합격한 4명의 후보자를 대상으로 면접을 진행했다. 4명의 후보자 모두 인상적이었다. 어떤 이는 조직이 필요로 하는 자격과 경력이 넘쳤다. 어떤 이는 경력은 많지 않지만 큰 가능성과 잠재력이 보인다. 어떤 이는 쾌활하고 활달한 성품을 드러내며 리더십을 자랑한다. 어떤 이는 차분히 맡겨진 일을 감당할 수 있어 보인다. 모두 예의 바르고, 언변이 탁월하다. 우열을 가리는 일이 아닌, 조직에 꼭 필요한 사람을 택하는 일이기에 신중한 선택이 요청된다. 너무 넘치지도, 모자라지도 않은 참 일꾼 될 사람을 찾아야 했다. 면접을 마치고 심사위원들과 사무국장이 함께 정리했다. 많은 논의를 거친 후, 가장 적절한 후보자로 최고의 점수를 받은 사람이 일치했다. 선정된 후보자의 서류를 사무국에 전달, 앞으로 함께 일할 팀장에게 최종 결정권을 넘겼다. 다행히 팀장도 면접위원들의 의견에 동의하여 신규직원 채용이 마무리되었다.

 면접 과정에서 많은 생각을 했다. 느낀 점도 많았다. 한 명의 후보가 자기소개를 하면서 사용한 단어 때문이었다. 그는 다양한 경력을 가진 활동적인 젊은이였다. 다양한 동아리활동과 봉사활동에 참여한 경험이 있는 후보자이고 면접을 위해 많은 자료를 모아 준비한 듯했다. 그는 "국제아동인권센터는 아동인권옹호를 위해 많은 일을 하고 있는 앞서나가는 조직으로 알고 있다"고 했다. 그러면서 자신을 '예비 아동보호실천전문가'라고 소개했다. 국제아동인권센터는 '아동인권옹호전문가'를 양성하고 훈련하며 양성된 그들과 함께 일하는 기관이다. 얼핏 들으면 '아동보호실천전문가'나 '아동인권옹호전문가'나 모두 아동을 위해 일하는 전문가로 다를 것이 없어 보인다. 그러나 아동인권옹호 전문기관의 관점에서 보면 '아동보호실천전문가'와 '아동인권옹호전문가'는 다르다. 전통적인 아동복지를 전문으로 하는 아동 NGO는 아동을 보호의 대상으로 정의하며, '아동을 보호하고 안전하게 보살피며 그들의 안전을 도모하는 활동'에 우선순위를 둔다. 그러나 유엔아동권리협약은 아동이 보호받아야 할 대상이자 동시에 권리의 주체자임을 명확히 밝힌다. 아동은 약하고 미숙하고 의존적이어서 보호받아야 한다는 관점은 틀린 말이 아니다. 하지만 협약은 아동을 단순히 보호의 대상으로만 정의내리지 않는다. 아동을 약하고 미숙하고 의존적인 존재로 바라보는 것은 전통적인 아동관이다. 이러한 맥락에서 볼 때, 아동인권옹호전문가를 양성하고 훈련하는 기관에서의 새로운 직원 채용 과정에 지원한 후보자가 "국제아동인권센터와 같은 아동인권을 위해 많은 일을 하는 앞서가는 기관에서 '아동보호실천전문가'가 되기 위해 왔다"고 자신을 소개한 것은 예상치 못한 순간이었다.

많은 사람이 아동인권은 어렵다고 한다. 아동에 대해 알고, 인권에 대해 알면 아동인권을 알게 되는 것인데 어떤 이유로 어렵다 하는 것일까? 성인은 누구나 아동기를 거쳐 어른이 되었다. 그러니 아동이 누구인지 모를 리 없다. 인권은 인간 누구나 누려야 하는 기본적인 권리인데 왜 인권이 어려울까? 스스로 알아보려고 노력하거나 아예 생각을 하지 않았기 때문일 수 있다. 아동인권을 정치적 혹은 철학적으로 다루지 않고 실생활에 접목해서 배우면 쉽게 내재화할 수 있다. 국제아동인권센터는 아동인권교육훈련을 퍼실리테이션한다. 쉽고 재미있고 유익하게 아동인권의 지식과 정보, 기술과 태도를 깨우치고 내재화하여 자신의 언어로 말할 수 있도록 하는 교수법을 활용한다.

인권교육에서 관련된 개념을 아는 것은 매우 중요하다. 개념이 명확하지 않으면 아동인권친화 활동은 제한적일 수밖에 없다. 아동인권교육훈련 과정 없이 인권 관련 지식이나 정보의 단편들을 체계 없이 모아 읽는 것으로 충분하지 않을 수 있다. 아동인권교육훈련 퍼실리테이션 초기 과정에서는 주로 아동과 아동기의 정의와 이해, 인권과 아동인권의 정의 등을 다룬다. 교육훈련 참가자 중심으로 활동이 진행된다. 관련된 지식과 정보를 숙지한 후, 그룹 활동을 통해 아동인권의 지식과 정보를 내재화한다. 자신만의 언어로 아동인권은 무엇이며 아동은 어떤 존재인지, 아동기의 특성은 어떠한지, 그들의 발달 단계의 특성은 무엇인지 등에 대한 지식과 정보를 내재화하는 것이다. 그러한 기본 지식과 개념 이해를 바탕으로 아동인권 옹호가의 길을 서서히 밟아 나가도록 쉽게 이끄는 것이 아동인권 퍼실리테이션 교수법이다. 효과는 아주 좋다. 많은 경우

2~3시간의 짧은 교육훈련 활동을 통해서도 교육 참가자들의 아동관이 바뀌는 것을 보게 된다.

    나는 '일한다는 것'은 '생명을 살리는 일'이라고 믿는다. 인간은 밥만 먹고 사는 존재가 아니다. 일하는 존재다. 그렇다면 그 일이 기쁘고 신명나야 한다. 그래서 내가 지닌 가치관, 미션, 비전이 내가 추구하는 일터의 그것과 일치하는 지를 살펴야 한다. '일단 들어가서 맞추면 되지!'라고 생각하기보다 '그곳의 일이 내가 정말 관심 있는 분야인가? 그곳이 나에게 잘 맞는 일터일까? 내가 들어가서 일한다면 어떤 부분에 기여할 수 있을까?' 등을 심도 있게 고민하고 지원할 필요가 있다. 사람은 결코 '떡으로만 사는 존재'가 아니기 때문이다.

    우리가 그날 찾은 인재는 여러 활동을 경험한 사람이 아니었다. 우리 조직의 가치에 부응하는 순수하고 단순한 생각을 갖고 있는, 자신의 가치관이 분명한 사람을 찾았다. 우리가 선택한 젊은이는 면접에서 이렇게 말했다. "저는 국제아동인권센터가 귀한 가치를 실현하는 곳이라고 생각해서 지원했습니다." 면접관이 "이 조직의 가치가 무엇이라고 생각하나요?"라고 묻자 그는 작은 목소리로 "가장 작은 자들의 편에 서 주는 것이라 생각합니다"라고 답했다. 맞다. 국제아동인권센터는 가장 작은 자를 옹호하는 아동인권옹호 기관이다. 그들을 위해서 그들과 함께 일하는 기관이다. 그들의 낮은 신음 소리를, 그들의 울음을, 그들의 외침을 귀와 마음으로 들으려고 애쓰는 기관이다.

한 걸음 더 들어가기

한국 전쟁 직후인 1950년대 초반에 이 땅에는 수많은 전쟁고아, 미망인, 난민들이 가득했다. 이들을 구하기 위해 국제구호·개발 NGO들이 들어와 긴급 구호사업을 펼쳤다. 어린이재단(Christian Childrens Fund·CCF), 선명회(World Vision) 등과 같은 국제아동구호 NGO들이 한국 땅에 들어와 아동을 살리고 보호하기 위해 일했다. 수많은 민간단체들이 물질과 기술을 투입하여 전쟁고아들을 살려냈다. 한국에서 아동복지사업이 가장 활발하고 즉각적인 성과를 내던 시절이었다. 구호(relief)와 보호 중심의 아동복지사업은 점차적으로 발전했다. 시간이 지나며 복지 패러다임이 바뀌면서 아동복지사업도 자선 접근에서 욕구 접근으로, 다시 욕구 기반 접근에서 권리에 기반한 접근으로 점점 변모해 갔다.

생각 나누기 ÷

아동보호실천전문가는 누구인가?
아동인권옹호전문가는 누구인가?
아동보호실천전문가와 아동인권옹호전문가 간에는 어떤 차이가 있나?

생각 더하기 +

우리나라는 2003년에 '세계아동의 날'인 11월 20일 전후를 아동권리주간으로 선포했다. 이 일을 위해 아동권리추진위원회가 구성되었다. 2003년 11월 17일, 제1회 아동권리주간이 시작됐다. 당시 선포식에서 보건복지부 김화중 장관은 다음과 같이 축사했다.

"아동권리주간을 선포하는 자리에 정부를 대표하여 참석하게 된 것을 매우 기쁘게 생각 합니다. 우리나라는 그동안 보호를 필요로 하는 아동을 위해서는 정책을 적극적으로 펼쳐왔으나 아동의 권리 향상에 대한 관심은 부족했던 것이 사실입니다. 우리 정부도 보건복지부가 주도하여 아동의 건강한 삶과 권리 신장을 위하여 범정부 차원의 정책을 개발 시행할 것입니다."

김 장관의 축사 내용은 그때부터 대한민국의 아동 정책이 보호 대상 아동 중심에서 모든 아동의 건강한 삶과 권리 신장을 위한 정책으로 전략적 패러다임의 변화를 이뤄갈 것임을 천명한 것이라고 볼 수 있다.

공동 퍼실리테이션(Co-Facilitation)-
자신만의 꽃을!

국제아동인권센터가 창립 12년이 된 2022년 3월의 이야기다. 센터는 '아동인권옹호'를 조직의 핵심가치로 삼아 가장 작은 사람들을 위한 더 나은 세상을 만들자는 꿈을 꾸며 태어났다. 창립 3주년이 되던 해, 한 경영 전문가는 "무에서 유를 창조한 작은 비영리 민간단체가 3년을 살아남은 것은 기적과 같은 일이라면서 앞으로 이 조직은 성장하는 일만 남았다"고 격려했었다. 그때 우리는 세상을 다 얻은 것처럼 기뻤고 희망이 넘쳤다. 그러나 그로부터 8년이 지나고 창립 12년 차를 맞은 2022년 3월에 돌아본 조직의 미래는 그때와는 다르게 보였다.

장기적인 코로나 재난 사태에도 우리는 쉼 없이 소그룹 아동인권교육훈련을 진행했다. 가능한 한 대면교육을 강행했고, 부득이한 경우만 비대면으로 진행하면서 교육을 쉬지 않았다. 그럼에도 재정난과 인력난으로 심각한 상황을 맞았다. 함께 일하는 인재들을 집중적으로 지원하는 직원 역량 강화를 통해 전문적인 조직을 만들자는 전략적 접근을 하기로 임직원 모두 마음을 모았다. 대표는 조직의 목적 사업인 아동인권교육훈련 사업의 활성화를 위해 조직 내에 전문 훈련가(퍼실리테이터)를 양성하자고 제안했다. 오랜 기간 퍼실리테이터로 아동인권 교육훈련사업을 진행한 경험이 있는 교육훈련연구소 소장인 내게 2년 안에 2명의 아동인권 강사를 전문 퍼실리테이터로 이끌어 달라고 주문했다.

국제아동인권센터는 창립 초기부터 아동인권교육훈련의 교육 내용, 접근법, 교수 방법에 있어서 타 기관의 추종을 불허하는 고유성(uniqueness)으로 차별화를 이뤄왔다. 다만 아쉬운 점은 부족한 인력으로 인한 양적 확산이 제한되어 있었다는 것이었다. 그래서 이를 보완하기 위해 '전 직원 전문 퍼실리테이터화'를 진행하기로 했다.

조직의 대표는 1단계로 먼저 2명의 팀장급 직원을 전문 퍼실리테이터로 양성해달라고 당부했다. 사실 국제아동인권센터는 창립 초기부터 한 명의 퍼실리테이터만으로 교육훈련을 진행하지 않고, 2명의 전문 퍼실리테이터가 공동 진행을 하는 것을 원칙으로 삼았다. 아동인권교육훈련을 공동 퍼실리테이션(Co-Facilitation) 교수법으로 진행한 조직은 국제아동인권센터가 처음이었다. 공동 퍼실리테이션은 단순한 팀 접근 교수법과는 다르다. 공동 퍼실리테이션은 2개의 바퀴가 함께 작동되어 수레를 잘 굴러가게 하는 것과 같다. 수레를 안전하고 빠르게 움직이려면 양 바퀴의 크기나 힘, 역량이 같아야 한다. 그렇지 않으면 위험에 처하게 된다. 코로나 사태 이후, 공동 퍼실리테이터 중 한 명이 떠나면서 남은 한 명의 전문 퍼실리테이터가 보조 강사와 팀을 이뤄 교육을 진행했다. 그러던 차에 조직의 위기극복을 위해 취한 대표의 1단계 조치는 2년 안에 2명의 전문 퍼실리테이터를 양성하라는 주문이었다. 대표는 이후 그 제안에 대해 추가로 언급하거나 재촉을 하지는 않았다. 그럼에도 그 제안 이후, 나는 그것을 한 번도 잊은 적이 없었다. 나 역시 그것만이 조직이 위기를 극복하는 길임을 확신했기 때문이었다. 다른 선택의 여지는 없었다.

사실 나에게는 그 과제가 전혀 어렵지 않았다. 퍼실리테이션은 누가 누구를 가르치는 교수법이 아니다. 퍼실리테이션 교수법으로 교육훈련을 진행하려면 먼저 준비된 전문가가 교육훈련 과정의 참여자들과 전 과정을 함께하며 그들의 활동을 촉진해주고, 이끌어 주면 된다. 익숙한 전문 퍼실리테이터에게는 전혀 어렵지 않다.

대표가 부탁한 2명의 직원은 이미 센터에서 진행하는 100

시간 과정의 아동옹호전문가 과정을 수료한 인재들이다. 이미 아동인권교육 강사의 자질을 갖추고 강의하고 있는 이들이다. 나는 내게 맡겨진 2명의 강사를 신뢰했다. 누구를 흉내 내거나 따라하는 미숙한 퍼실리테이터가 아닌, 자기만의 꽃을 피우는 이 세상에 단 하나밖에 없는 유일하고 독특한 퍼실리테이터로 성장할 수 있는 자질과 역량을 갖춘 인재임을 믿었다. 2022년 하반기부터 우리는 두 개의 팀을 만들어 실전에 들어갈 수 있게 되었다. 유니세프로부터 아동친화도시로 인증 받은 5개 지자체로부터 아동인권교육훈련 강사양성 과정을 의뢰받아 아동인권교육훈련 강사양성 과정을 공동 퍼실리테이션으로 진행했다.

    나는 부탁받은 두 명의 인재 중 먼저 한 명과 팀을 이뤘고, 한 지자체 강사양성 사업이 마무리 되면 또 다른 한 명과 다른 지자체를 위한 과정에서 공동 퍼실리테이션했다. 퍼실리테이션 교수법은 준비과정이 길고 신중한 접근을 요한다. 소장인 나를 포함한 세 명의 퍼실리테이터가 교육훈련의 모든 과정의 세밀한 부분까지 함께 준비했다. 참여자 중심의 민주주의 참여식 교육을 퍼실리테이션하기에 참여자들에 대한 기본 정보를 충분히 수집, 분석한다. 최상의 성과를 거두기 위해 교육과정에서의 조 편성과 교육장 세팅도 주최측과 정보를 교환하며 세밀히 준비했다. 교육과정에서 전달할 지식과 정보의 양을 정하고, 그것들이 일터나 삶의 현장에 적용될 수 있도록 기술적 연결고리를 찾아 활동 자료를 준비하고 활동지를 만드는 등 긴 준비 기간을 거쳤다. 최적의 교육이 되도록 시간을 안배해 일정표를 치밀하게 짰다. 교육훈련 현장에서는 각자 맡은 역할을 충실히 하면서도 서로 간 무언의 소통으로 합을 맞췄다. 수시로 참여자의 활동, 발표, 교육 과정에서 나오는 각종 언급들에 대한 피드백을 주고받았다.

교육현장에서 퍼실리테이터가 특정인을 지적해 훈계나 교훈을 하는 경우는 없다. 퍼실리테이터와 수강생들은 서로 동등한 입장에서 정보를 교환하고 토의하며 의견을 진술하게 개진한다. 경청·공감·소통하는 시간을 통해 서로 깨우치고 성장하는 기회를 갖는다. 지금의 경험이 다음 시간의 경험과 만나 통합의 효과를 만들어 가는 과정을 눈으로 확인하고 마음으로 공감한다. 지자체에서 진행한 강사양성 과정을 공동 퍼실리테이션하면서 성취감과 함께 보람과 기쁨을 누렸다. 지자체 공동 강의는 성공적으로 마무리되었다. 서로 다른 지지체에서 나와 함께 활동한 두 명의 퍼실리테이터는 참여자들로부터 매우 긍정적인 피드백을 받으며 자신감을 키웠다.

대표로부터 제안 받은 지 2년이 지나 2024년 3월 말이 되었다. 우리는 지난 2년간 국제아동인권센터의 상설 프로그램인 100시간 과정의 아동인권옹호전문가 과정을 함께 퍼실리테이션했다. 또한 아동친화도시로 인증 받은 지자체의 요청으로 아동인권교육훈련 강사양성 과정을 100시간 과정으로 개발해 함께 진행했다. 그동안 구미시, 광주광역시, 서울 강서구, 인천 남동구, 제주도 등 5개 지자체에서 총 500시간 동안 공동 퍼실리테이션 교수법으로 아동인권교육훈련사업을 진행했다. 강사양성 프로그램 외에도 서울, 대전, 진주, 양산, 울산에서 아동인권옹호전문가 과정을 진행했다. 지난 2년간의 훈련으로 새롭게 부상한 2명의 전문 퍼실리테이터와 함께 합을 맞춰 아동인권교육훈련을 퍼실리테이션했다. 이들은 퍼실리테이션 기법의 중요성과 효과성에 대한 확신을 갖고 있다. 또한 탁월한 지식과 기술을 갖췄고 정보에도 능하다. 무엇보다 이 두 명의 젊은 전문 퍼실리테이터는 겸허함, 성실함, 포용 능력, 배려심, 공감 능력, 경청 능력, 통찰력을 지닌 탁월한 인재다.

  이 두 사람이 훌륭한 아동인권 전문 퍼실리테이터로 성장하는데 선임 퍼실리테이터인 내가 특별히 기여한 것은 없다. 우리는 하나의 강한 팀을 이루려 노력했고 동등한 관계 속에서 호흡과 합을 맞추며 아동인권교육훈련 전 과정을 퍼실리테이선하면서 성취감을 공유할 수 있었다. 서로 존중·공감·경청하면서 서로에게 최선의 다하는 모습을 참여자들에게 보여줬다. 무엇보다 온 맘 다해 교육 참여자들을 대하며 우리에게 주어진 사명을 감당하려 했다. 나는 현장에서 두 명의 젊은 퍼실리테이터와 함께하는 작업이 너무나 좋았다. 그들은 나를 신뢰하되, 모든 것을 의존하지 않고 자신들만의 독립적이며 고유한 접근으로 새로운 꽃을 피웠다. 이 땅의 아동인권교육을 위해서 너무나 기쁜 일이다.

한 걸음 더 들어가기

무슨 일이든 혼자하면 빠르게 갈 수 있지만 함께 가면 더디다. 그러나 두 사람이 함께 팀을 이뤄 일하면 성과는 상상할 수 없을 만큼 커진다. 두 개의 바퀴가 잘 굴러가려면 양쪽 바퀴의 크기와 힘, 기능이 동일해야 한다. 두 개의 바퀴 중 하나가 제 기능을 못하면 수레는 굴러가지 못하고 멈추게 된다. 공동 퍼실리테이션 (Co-Facilitation)은 큰 성과를 이뤄낼 수 있는 교수법이다. 그러나 공동 퍼실리테이션 교수법으로 진행하는 두 명의 퍼실리테이터는 사전에 잘 굴러가는 두 개의 바퀴처럼 합을 잘 맞추어야 한다. 모든 준비과정에서부터 두 명은 한 팀으로 완벽해야 현장에서 공동 퍼실리테이션 교수법으로 과정의 진행이 가능하다.

생각 나누기

한 명의 탁월한 퍼실리테이터가 교육훈련을 진행하는 것(A)과 합이 잘 맞는 두 명의 퍼실리테이터가 진행하는 교육(B) 중 당신은 어떤 교육을 선택하겠는가?

* A를 선택한 이유는?
* B를 선택한 이유는?

생각 더하기

음악을 생각해보자. 독창은 혼자 한다. 연습하고 싶으면 하고, 쉬고 싶으면 쉰다. 어떤 연주복을 입을지 혼자 정하면 된다. 잘하기 위해서 혼자 열심히 연습하면 된다. 그러나 이중창은 다르다. 각자가 내는 소리가 다르다. 나만 잘하면 소용없다. 함께 잘해야 한다. 각자 잘하되, 두 사람의 소리가 아름다운 화음을 만들어야 한다. 연주복도 나만 좋으면 안 된다. 함께하니 같이 정해야 한다. 독창도 아름답지만 잘 어우러진 이중창은 청중들의 마음을 더욱 감동시킨다. 그건 두 마음이 함께 어우러져 내는 소리이기 때문일 것이다. 협력하는 것도 기술이다. 공동 퍼실리테이션 교수법을 통해서 배우면 협력하는 기술도 함께 배우게 된다.

아동인권 관점에서 본 영화

　아동인권교육훈련을 퍼실리테이션 교수법으로 접근 할 때, 다양한 방법을 통해 아동인권 관련 지식과 정보를 습득하게 함으로써 학습자의 태도와 자세에 변화를 주도록 한다. 우리는 아동인권교육에 도움이 되는 영화, 동화, 문학 작품, 신문기사 등 다양한 매체를 활용한 교육 콘텐츠를 개발해 활용하고 있다. 학습자의 인권감수성 향상을 위한 활동 중 하나가 특정 영화를 아동인권의 관점에서 관람하고 감상문을 쓰는 것이다. '인권 영화'가 따로 있다고 생각하지 않기에 과제로 각자가 좋아하는 영화를 아동인권의 시각에서 본 후에 감상문을 쓰도록 한다. 예술 작품을 통해 다양한 인간을 만나며 인권적인 요소를 인권적 관점에서 영화를 관람하는 습관을 들이면 인권감수성을 향상해 갈 수 있다고 믿는다. 그래서 학습자들에게 아동인권 관점에서 영화보기를 과제로 주는 것이다.
　이 활동을 통해서 얻을 수 있는 점이 많다. 첫째, 학습자의 작품을 선정하는 안목을 높일 수 있다. 둘째, 학습자가 영화보기를 통해 앞서 배운 아동인권 관련 지식과 정보를 이해하고 적용하는 기술을 높일 수 있다. 셋째, 침해된 아동인권 이슈를 찾아 실생활에 적용하는 인권감수성 수준을 높일 수 있다. 넷째, 영화를 보고 느낀 감정과 깨달음, 결단의 과정을 글로 표현하는 능력을 높일 수 있다. 교육 진행자인 퍼실리테이터는 이런 4개의 관점에서 좋은 점수가 나온 학습자의 글을 선별해 모든 참가자들에게 읽어준다. 학습자들은 선정된 감상문을 들으면서 각자 나름대로 작성한 감상문에 대한 자체 평가를 하게 된다.

'영화 감상문 쓰기' 과제는 평소에 글을 쓰는 습관을 갖추지 않았다면 수행하기 쉽지 않은 과제다. 참가자 대부분은 아동인권 관점에 기반 한 감상문 대신에 자신이 관람한 영화에서 나온 아동인권침해 요소나 인권 개념들을 단순 요약식으로 정리해 제출한다. 우리가 교육훈련 과정에서 특정 과제를 줄 때엔 참여자들이 그 과제를 어떻게 수행할 지에 대한 기대와 나름의 목표가 있다. 감상문 쓰기 과제는 '참여자들의 인권감수성 향상'이 목표다. 과제 수행을 계기로 학습자들이 영화나 드라마를 아동인권 관점에서 지속적으로 보며 인권감수성을 향상시키도록 하는 것을 기대한다. "모든 것이 가하나 모든 것이

유익한 것은 아니다"라는 말이 있다. 참가자들이 제출한 영화 감상문에는 분명 각자 나름의 노력의 흔적들과 다양한 표현들이 보이지만 인권 관점에 포인트를 맞춰 작성한 내용이 아닌 것들도 많은 것이 사실이다.

우리는 2024년 상반기에 시작된 기본과정에 이어 심화 과정에 참여한 학습 참여자들의 과제물을 검토한 후, 한 참여자의 감상문을 선정해 모든 참여자들과 공유하는 시간을 가졌다. 대학을 졸업하고 첫 직장에 들어가 일하기 시작한 사회 초년병이 '4등'이란 영화를 아동인권 관점에서 관람한 후 제출한 감상문이었다. 글쓴이의 허락을 받아 소개한다.

주인공 준호는 수영을 좋아 하지만 대회에 나갈 때마다 4등을 한다. 이로 인해 준호의 어머니는 준호를 타박하며 어떻게든 성적을 올리기 위해 새로운 코치를 소개받아 준호와 만나게 한다. 코치는 준호를 때리면서 훈련시킨다. 준호 엄마는 그 사실을 알고도 묵인한다. 준호 아빠도 이 사실을 알고 있지만 코치를 찾아가 돈을 주고 협박하는 정도였고 상황이 크게 달라지지 않는다. 그렇게 2등을 하고 난 뒤 가족 식사 자리에서 동생이 "정말 맞아서 2등을 한 거야?"라고 물었다. 나도 궁금했다. 정말 맞아서 2등을 하게 된 걸까? 무력하게 코치에게 맞으면서 묵묵히 참으며 자기가 좋아하는 수영을 괴롭게 했을 준호의 마음을 들여다보니 너무 안쓰럽고 화가 났다. 그 폭력에 익숙해 져서 동생이 준호의 물건에 손을 댔을 때 준호는 본인이 경험한 것처럼 동생을 때리는 장면이 참 슬펐다. 어렸을 적에 잘못을 했을 때 맞으면서 "널 사랑해서 그러는 거야"라는 말이 굉장히 혼란스러웠던 경험이 있다.

모순적이라고 느꼈지만 나도 동생이 잘못했을 때 똑같이 그랬었다. 영화를 보면서 답답한 마음과 두려운 마음이 동시에 들었다. '과연 익숙한 것과 다른 선택을 할 수 있을까?' '훗날 내가 가정을 이뤘을 때 좋은 엄마가 될 수 있을까?' 좋아하던 수영을 그만둔다고 했을 때 맞기 싫다는 준호를 엄마는 화를 내며 때린다. 아무도 준호의 마음을 헤아려 주지 않는 모습을 보면서 준호의 외로움을 느낄 수 있었다. '누군가 한 사람이라도 준호의 마음을 알아줬다면, 등수를 떠나서 좋아하는 수영을 재밌게 할 수 있게 존중해 주었다면 어땠을까' 하는 생각이 든다.

좋아하는 일이기에 꼭 1등을 못 해도, 세상에 자기를 증명해 내지 않고도, 그저 자기다운 모습을 찾아 행복하게 살았으면 좋겠다. 준호와 이 세상 모든 아이들에게 자신의 꿈을 마음껏 펼칠 수 있는 기회가 주어지면 좋겠다.

(작성자: 손수빈)

'4등'이라는 영화를 아동인권의 관점으로 정리한 감상문의 내용에는 영화를 보고 분석하거나 해설하거나 내용을 요약한 부분은 없다. 아동인권 개념이나 요소를 언급하거나 설명하지 않는다. 다만 그가 배운 아동인권침해 요소가 아동에게 영향을 미치는 장면이나 대사를 들으며 느낀 그의 감정을 담담히 표현하고 있다. 주인공인 수영선수 준호가 늘 4등에 머무는 것에 속상한 부모가 새로 소개한 코치는 준호를 때리며 훈련시킨다. 준호가 2등을 하자 동생이 "정말 맞아서 2등 한 거야?"라고 묻는 대사에 주목하면서 자신의 마음을 이렇게 표현한다. '나도 궁금했다. 정말 맞아서 2등을 하게 된 걸까?'라며 의문을 제기한다. 그리고 코치에게 맞으면서 묵묵히 자기가 좋아하는 수영을 괴롭게 해나갔을 준호의 마음을 들여다보니 너무 안쓰럽고 화가 났다고 속마음을 표현했다. 그 폭력에 익숙해진 준호가 자기 물건에 손댄 동생을 때리는 장면에 '슬펐다'고 했다. 필자 자신도 같은 경험을 했기 때문이란다. 자신도 어렸을 적 잘못해 매를 맞았을 때, "너를 사랑해서 때린 것이야"라는 말에 혼란스러웠고, 그렇게 맞고 자라면서 자신 역시 동생이 잘못했을 때 때렸다고 털어놓는다. 영화를 보면서 답답하고 두려움을 느낀 이유를 밝힌다. 그것은 "나는 과연 익숙한 것과 다른 선택을 할 수 있을까? 훗날 가정을 이루었을 때 좋은 엄마가 될 수 있을까?"라는 스스로의 질문에 자신 있게 답할 수 없다는 성찰에서 느낀 솔직한 마음 때문이라는 것이다.

'아동인권의 관점으로 본 영화 감상문 쓰기'라는 쉽지 않은 과제를 짧은 글 속에 잘 풀어주어 같은 과제를 받고 고민한 동료들에게 좀 더 깊이 생각해 볼 기회를 주었다. 퍼실리테이터는 아동인권 관점으로 본 영화 감상문 쓰기 시간을 마무리하면서 같은 맥락에서 이해할 수 있는 '아이들아, 평화를 믿어라'[38] 라는 책의 내용을 소개했다. 레바논의 림 하다드라는 기자가 쓴 책으로 '엄마의 전쟁일기 33일'이라는 부제가 달렸다. 5살 딸과 3살 아들을 키우는 엄마인 저자는 전쟁 가운데 하루하루 위험과 두려움 속에 지냈다. 그러면서 전쟁으로 인한 폭력적 환경이 아이들에게 미치는 무서운 영향을 일기에 기록했다. 거기에는 폭탄과 미사일이 폭음과 함께 떨어지는 횟수가 잦아지면서 온순하기만 했던 5살 딸이 이유 없이 그토록 사랑하며 잘 돌보던 3살 남동생을 때리는 광경을 목도한 엄마의 경악과 절망이 담겨있다. 과연 폭력은 전염되는가? '맞고 자란 아이가 때리는 어른이 된다'는 것은 편견이 아닌 사실임을 위의 감상문과 책은 말하고 있다.

---

38. Leem, H. (2008). 아이들아, 평화를 믿어라: 엄마의 전쟁 일기 33일. 아시아네트워크.

한 걸음 더 들어가기

　유엔아동권리협약의 이행을 약속한 협약 비준국은 총 196개국이다. 독립적 모니터링 기구인 유엔아동권리위원회는 전 세계 모든 비준국의 협약이행보고서를 심의하면서 선진국이든 개발도상국이든 간에 아동에게 가하는 학대를 포함한 각종 폭력으로부터 자유로운 나라는 단 한 나라도 없다는 사실을 인식하게 되었다. 이후 유엔아동권리위원회는 유엔총회에 전 세계 아동에게 행해지는 폭력 현황을 파악하는 연구를 제안했다. 유엔총회는 이 제안을 수용, 전 세계 아동폭력 현황을 연구하도록 브라질의 아동 전문가 핀 헤이로 박사에게 연구의 전 과정을 위임했다. 이에 따라 3년 간 전 세계 아동폭력 현황 연구가 진행되어 2006년에 보고서가 발표되었다.[39]

　영화 '4등'을 아동인권 관점으로 감상한 후 발표한 감상문에서 작성자는 폭력이 전염되고 대물림되는 현상을 보면서 "나도 폭력을 당했는데 과연 내가 좋은 엄마가 될 수 있을지 두려움을 느낀다"고 솔직히 고백한다.

---

39. 유엔아동폭력보고서의 번역본은 보건복지부 홈페이지에서 확인할 수 있다: https://www.mohw.go.kr/board.es?mid=a10411010300&bid=0019&act=view&list_no=336075

생각 나누기

유엔아동폭력보고서에는 어떤 내용이 담겨있는가?

유엔아동폭력보고서의 내용을 보고 우린 어떤 다짐을 해야 하는가?

대한민국이 아동에게 가하는 폭력으로부터 자유로운 나라가 되기 위해서 어떤 노력이 필요한가? 국가가 해야 할 가장 우선적인 일은 무엇인가?

생각 더하기

유엔아동폭력보고서는 아동 대상으로 행해지는 다섯 가지 주요환경을 언급한다: 가정과 가족, 학교 및 교육 현장, 보호 및 사법 제도 내, 노동 환경, 지역사회. 아동이 가장 안전하게 보호되어야 하는 곳에서 아동폭력이 행해지고 있다는 것이다. 이에 2006년 유엔총회에서 발표된 유엔아동폭력보고서는 두 가지 강렬한 슬로건을 제시했다.

'아동에게 가하는 어떤 폭력도 정당화 될 수 없다.'

'아동에게 가하는 모든 폭력은 예방되어야 한다.'

'파인애플 스토리'-
'역지사지'를 퍼실리테이션하다

오래전 여성 목회자 한 분이 나에게 작은 책을 한 권을 건네주었다. 독서를 좋아하는 나는 받은 즉시 한 시간 만에 책을 다 읽었다. '파인애플 스토리'[40]라는 제목의 작은 책을 빠르게 일독한 느낌은 황당했다. 그리고 분노가 일었다. '파인애플 스토리'는 이렇게 시작한다.

나는 식구들과 함께 오지에 사는 원주민들을 위해 사역하고 있습니다. 오래전 나는 파인애플을 마을에 들여오기로 결심했습니다. 원주민들도 파인애플이 뭔지는 알고 있었습니다. 그중에는 파인애플을 먹어본 사람도 있었지만 정작 정글에는 파인애플 나무가 한 그루도 없었습니다. 그래서 나는 다른 선교지에서 파인애플 묘목을 100개 정도 얻어왔습니다. 그리고는 원주민 한 사람을 고용하여 파인애플 묘목을 모두 심게 했습니다. 물론 그에게 품삯을 지불했습니

---

40. IBLP. (2018). 파인애플 스토리 - 분노를 정복하는 법 (김두화 역) [원저, The Way to conquer anger, 2008]. 아이비엘피코리아.

다, 그 사람에게 여러 날 일한 대가로 소금뿐 아니라 그가 원하는 것은 뭐든지 내주었습니다.

깊은 정글에서는 과일이나 채소를 구할 수 없기에 선교사는 신선한 과일을, 특히 파인애플을 간절히 소망했다. 그래서 다른 선교지에서 파인애플 묘목을 들여왔다. 작은 묘목이 자라 열매를 맺는 데 꼬박 3년이 걸렸다. 그러나 그렇게 고대했던 파인애플 나무에서 열매가 열리자마자 원주민이 몰래 모두 따가 선교사는 단 한 개의 파인애플도 먹을 수 없었다. 알아보니 주범은 품삯을 받고 파인애플을 심어준 원주민이었다. 인권기반으로 분석하면 선교사의 재산권이 침해된 사건이다. 그런데 권리를 침해받은 사람은 있는데 가해자가 없다는 점이 갈등 요소다. 선교사가 고용한 원주민에게 "왜 내 파인애플을 모두 훔쳤냐?"고 추궁하니 원주민은 "내가 심었으니까 내 것이고, 내 것이니까 내가 먹었다. 그러니 훔친 게 아니다"라고 답했다. 선교사는 "내가 수고한 대가로 당신에게 품삯은 물론 소금과 다른 선물도 주었으니 익은 파인애플은 마땅히 내 것"이라고 주장했다. 그러나 원주민은 "품삯과 소금, 다른 선물을 받은 것은 맞지만, 우리 정글에서는 자기가 심은 것은 자기가 먹는 것이 원칙"이라고 우겼다.

나는 이 글을 읽고 한참 화가 많이 났었다. "뭐 이런 뻔뻔한 사람이 다 있나?" 혼잣말을 하다가 잠시 생각에 잠겼다. 그리고 원주민의 관점에서 책을 다시 읽기 시작했다. 원주민은 오랜 세월 동안 그들 나름의 법칙과 약속을 지키면서 잘 살았다. 그런데 초대한 적 없는 선교사란 사람이 사역이란 걸 한답시고 자기들 땅에 들어와 "콩 심어라, 팥 심어라" 하는 것이다. 마음에 들면 상점을 열고, 화가 나면 상점 문을 닫는다. 화가 더 많이 나면 병원문도 닫고 약도 주지 않는다. 원주민은 선교사가 심으라고 해서 파인애플 묘목을 심었다. 그 일에 대한 수고비를 받았다. 비록 수고비를 받았지만 묘목을 직접 심은 사람은 선교사가 아니라 원주민이다. 원주민은 자기가 심은 건 자기가 먹는 게 정글의 법칙이라고 우긴다. 그러니 원주민 입장에선 심은 사람이 주인이다. 그래서 당연히 '내 것을 따먹었는데 뭐가 잘못이란 말인가?'라고 생각하게 된다. 깊은 정글에 들어온 선교사가 파인애플이 먹고 싶으면 자기가 심고, 익으면 따서 먹으면 된다는 것이 원주민의 입장이다.

나는 선교사와 같은 문화권에 익숙한 사람이어서인지 처음에 빠른 속도로 이 책을 일독했을 땐 선교사를 이해하며 선교사와 같은 마음을 갖고 그를 옹호하는 마음이 생겼다. 그런데 입장을 바꿔 원주민의 관점에서 이 문제를 보니 원주민의 주장도 이해가 되었다. '파인애플 스토리'에서 인권에 기반해 문제를 파악하면 '선교사의 소유권 문제'라고 볼 수 있다. 그러나 좀 더 깊이 들여다보니 그 문제가 야기된 근본 원인은 원주민이 아니라 선교사에게 있다는 접근을 하게 되었다. 선교사는 선교사역을 하기 위해 가족을 데리고 오지 정글 지대에 들어왔다. 정글에서 사역하려면 충분한 사전준비가 필요했다. 일단 정글에서 살아남아야 사역도 할 수 있기 때문이다. 정글에서 살아남으려면 정글의 법칙을 알아야 한다. 그 법칙을 미리 알고 들어왔어야 했다. 원주민을 위한 선교사역은 원주민의 입장에 서서 그들을 섬기는 일부터 시작해야 한다. 그들에게 먼저 베풀어야지 선교사가 자신의 욕구를 우선적으로 채우려 해서는 제대로 된 선교사역이 이뤄질 수 없다. 파인애플 스토리에 나온 그 선교사는 선교 현지에서 무엇이 우선순위인지를 파악하지 못했다.

인권을 배우고, 인권의 가치를 널리 알려 실제 삶에서 실현되도록 교육·훈련하는 일이 사명이기에 교육과정에서 '파인애플 스토리'를 한 사례로 활용하고 있다. 우리는 인권교육훈련 과정에서 먼저 전반적인 인권을 배우고, 이어 아동인권을 배운다. 교육훈련에서도 마찬가지로 먼저 인권교육훈련의 원칙을 배우고, 그것을 바탕으로 아동인권교육훈련으로 진입한다. 인권적 관점에서 '파인애플 스토리'를 통해 '역지사지'(易地思之)를 생각할 수 있다. 모든 인권침해 문제나 인간 간의 갈등 문제를 바라볼 때, 우리는 상대방의 입장과 처지에서 생각하는 '역지사지의 힘'을 키워야 한다. '파인애플 스토리'를 선교사의 관점과 원주민의 관점을 모두 생각하며 읽을 때, 우리는 일방통행이 아닌 쌍방통행을 통해 양측의 입장을 모두 고려하게 된다. 그래야 긍정적인 해결 방안을 찾을 수 있다.

'파인애플 스토리'를 읽으면서 사고의 폭이 성인과 아동 간에 생기는 갈등 문제와 해결 방안으로 확장되었다. 영유아 자녀 혹은 사춘기 청소년을 키우는 부모들은 모두 '파인애플 스토리' 속의 선교사와 원주민 간의 갈등 상황과 비슷한 경우를 자주 만난다. 부모는 아이의 생각이나 행동이 어처구니없다고 느낄 때가 많다. 아동기를 거쳐 사춘기 청소년기에 들면 갈등 상황이 더 많이 일어난다. 어른들은 아동이나 청소년들과 함께 살면서 마치 '파인애플 스토리'의 선교사와 원주민 간의 소통·불통·먹통과 비슷한 상황을 만나게 된다. 성인의 생각과 판단으로는 어떤 것이 틀림없이 A인데 아동은 그것을 B라고 우긴다. 이런 갈등 상황이 발생하면 부모는 자기 생각을 고

집해 아동의 생각이 말도 안 되고, 이치에도 맞지 않다며 면박을 주거나 아예 무시하기 일쑤다. 어른의 생각이 성숙한 것이고 아동이나 청소년의 생각은 미숙하다고 무시해버리는 일도 많다. 흔히들 자녀의 생각은 경험을 근거로 하지 않는다며 평가절하한다. 설명의 여지도 주지 않고, 어른의 권위를 내세워 무조건 부모 생각을 따르는 것이 지혜로운 결정이라 판단한다. 많은 경우에 정답이 부모가 우기는 A도, 아동이 우기는 B도 아닌 C일 수 있는데도 생각의 여지를 주지 않는다. 만일 어른이 자기주장만 하고 아동에게는 설명의 여지도 허용하지 않으면 정답인 C로 귀결될 확률은 매우 낮다. 잘못된 결정을 내리게 되는 것이다. 부모와 자녀가 함께 각자의 의견을 말하는 것이 필요하다. 부모가 열린 마음으로 먼저 어디에 근거를 두고 주장을 하는지에 대해 견해를 나누고 이해를 구하면, 자녀도 분명하게 자신의 의견을 개진하며 토의해 나가다보면 보다 정답에 가까운 결정을 내릴 수 있다. 서로의 의견 조정을 거쳐 C라는 해결점에 함께 도달할 수 있다면 성공이다. 그건 지식의 많고 적음도, 기술의 문제도 아니다. 이해와 경청, 인내와 상호 의견 존중의 소통 과정이라고 할 수 있다. 이를 위해서는 기다림과 인내의 시간이 필요하다. 무엇보다 상호 존중의 마음을 가져야 한다.

부모와 자녀가 역지사지의 마음으로 경청과 소통을 통해 바람직한 문제 해결점에 도달할 수 있듯이 '파인애플 스토리'의 선교사와 원주민 역시 얼마든지 바람직한 해결점에 도달할 수 있다. 단지 인내와 상호 존중의 마음으로 소통하는 긴 여정이 요구될 뿐이다. 그 긴 길이 가장 바르고 빠른 길이다. 인권이든 아동인권이든 교육과 훈련의 과정이 중요하다. 이러한 교육훈련 과정을 통해 갈등 요인을 발견하고 함께 풀어나가는 연습과 훈련을 하게 된다. 두 사람이 모두 틀릴 수 있고, 둘 중 하나만 맞을 수 있다. 물론 두 사람 다 틀리고 C라는 정답이 나올 수 있다. 중요한 것은 최선의 해결점을 찾는 것이다. 그것이 서로에게 유익하다. 서로 협의·소통하고 역지사지하다보면 가장 멋진 제3의 해결점에 도달할 수 있다.

한 걸음 더 들어가기

'파인애플 스토리'는 문명국에서 온 선교사와 정글의 법칙을 지키며 사는 원주민 간의 소통, 불통, 먹통의 상황을 보여 준다. 화법 전문가 구현정 교수는 "소통은 상대방에게 내 이야기를 해서 나를 이해시키는 과정이 아니다. 서로 전제로 하는 배경과 정보가 다르면 불통이 되고, 내 관점만 고수하면 먹통이 된다"라고 말한다.[41] 우리가 서로 다르다는 것을 이해하고 인정하지 못하면서 상대방 속에 들어있는 생각과 관점을 끌어낼 수는 없다. 구 교수는 소통은 먼저 상대방의 마음을 열고 다음에 내 생각과 감정을 표현할 때 비로소 시작되는 것이라고 설명한다.

생각 나누기

'파인애플 스토리'의 선교사와 원주민 간에 발생한 불통과 먹통의 이유는 무엇인가? 그것을 어떻게 풀 수 있을까?

'파인애플 스토리'를 먼저 선교사의 관점으로 읽어보고, 다음에는 원주민의 관점에서 읽어보자. 그리고 문제의 해결책을 찾아보자.

생각 더하기

우리는 서로 다르다. 이 땅에 나와 똑같은 사람은 단 한 명도 없다. 겉모습만 다른 게 아니다. 특히 살아온 환경이 판이한

---

41. 구현정. (2013). 소통 불통 먹통: 화법전문가 구현정 교수의 대화의 기술, 대화의 모든 것. 경진.

선교사와 원주민은 생각과 관습에서 차이가 크다. 속에 품고 있는 마음이 다르고, 사물을 바라보는 관점도 각각 다를 수 있다. 서로를 알고 이해하기 위해서는 소통해야 한다. '파인애플 스토리'라는 짧은 책을 매개로 '역지사지'를 퍼실리테이션하려 했다. 어떻게 하면 불통과 먹통의 상황에서 먼저 상대방의 입장에 서서 상황을 이해할 수 있게 될지를 함께 생각하고 연구하는 시간을 가져보려 했다. 먼저 나와 다른 상대방을 알고 이해해야 소통이 시작된다. 그러기 위해선 자기의 주장을 말하기 전에 상대방의 견해를 인내하며 듣는 '경청의 기술'이 필요하다. 선교사가 원주민과 소통할 수 없었던 이유는 자기가 생각하고 원하는 것만 일방적으로 말하고 주장하는 일방통행식 접근을 했기 때문이다. 그것은 인간관계에서 전혀 바람직하지 않으며 인권친화적인 접근은 더욱 아니다. 내 이야기와 주장을 하기에 앞서 상대방의 생각과 관점을 경청하고, 서로의 다름을 이해한 후 자신의 생각과 감정을 표현하는 소통의 기술을 얻기 위해서는 우리 모두 치열하게 훈련해야 한다.

2부

아동 대상 퍼실리테이션

울음

    매주 강의를 진행하고 있는 한 초등학교에서 일주일간의 방학 특강을 요청했다. 해당 학교의 방학 프로그램은 모두 종료된 상태였으며, 책 읽기와 교구활동으로 시간을 보내야 하는 아이들에게 하루 50분이라도 새로운 활동을 제공하고자 하는 것이 목적이었다. 첫날 활동으로는 설 연휴를 보내고 온 학생들의 흥미를 고취시키고자 중국 전통 놀이인 '종이 오리기 예술 지엔즈'(剪紙·전지)활동으로 결정하였다. 지엔즈 활동은 종이를 접어 원하는 모양을 그린 뒤, 가위로 오려 완성본을 만드는 활동이다. 수업을 원활하게 진행하기 위해 미리 많은 연습을 했음에도 처음부터 익숙해지기는 어려웠다. 그래서 최종적으로 완성할 도안 대신, 단계별로 연습할 수 있는 도안을 여러 개 준비했고, 집에서 성공한 결과물들을 몇 장 만들어 참고 자료로 준비하였다. 간단한 하트 모양과 개구리 모양으로 수업을 시작했다.

약 네 달이나 같은 초등학교에서 강의를 했는데, 방학이라 그런지 수업에서 처음 보는 학생들이 많이 있었다. 한 남학생이 자신만만하게 바로 제일 어려운 단계인 한자 모양을 시도하겠다고 했다. 나는 한자 모양이 생각보다 어렵기 때문에 쉬운 활동으로 감을 잡는 것이 좋다고 했지만, 그 학생은 바로 할 수 있다고 했다. 스무 명이 넘는 규모에다가 초등학교 1학년부터 5학년까지 섞여 있는 교실에서는 한 사람 한 사람을 챙기기 쉽지 않았다. 가위질을 익숙하게 하지 못하는 학생이 많은 상황이었고, 그에 반해 당당한 모습을 취하던 학생인지라 나도 그 학생을 믿고 저학년 학생을 위주로 활동을 하고 있었다. 한참 시간이 지나 그 학생에게 다가가자 그는 나를 슬쩍 보더니 가위와 종이를 책상 위로 툭 던졌다. 다섯 번이나 시도했는데 실패했다는 것이 그 이유였다. 과거의 나였다면 "그러게, 선생님이 어렵다고 했지?"라고 말했겠지만, 이번에는 "속상했겠다, 괜찮아. 선생님도 어려웠어. 다시 해 보자."라고 말했다. 그러나 그 학생은 학원 일정으로 먼저 하교해야 할 시간이 되자 "어차피 가야해요."라며 자리를 떠났다. 결국 제대로 된 대화나 활동은 마무리하지 못한 채 학생은 울면서 교실을 나갔다. 집으로 돌아와 계속 그 학생을 떠올리며 고민하였다. '내일 수업에 안 나오면 어떻게 하지? 혹시 일주일 중 오늘만 수업할 수 있었던 학생이면 어떻게 하지? 내가 어떻게 안내했어야 모두가 즐겁게 참여할 수 있었을까? 혹시나 오늘 수업이 아동에게 앞으로 부정적인 기억으로 남으면 어떻게 하지?'

 다음 날, 10분 정도 일찍 도착해 수업 준비를 하고 있었는데 그 학생이 웃으면서 교실로 들어왔다. 전날은 제일 뒤에 앉았지만 그날은 제일 앞에 앉았다. 방학 특강이다 보니 매일 참여하는 학생들이 조금씩 바뀌어 연결되는 수업을 진행할 수 없었던 나는, 전날 했던 활동을 간략히 설명하고 '오늘의 활동'을 소개했다. 전날 자신이 완성하지 못했던 지엔즈 활동의 사진을 보자 제일 앞에 앉은 그 학생이 웃으면서 외쳤다. "아, 어제 저 활동 진짜 어려웠는데!" 그제야 마음이 놓였다. 그리고 다시 나의 걱정을 반성하였다. 그 학생에게는 어려운 활동이었고 눈물이 날 정도로 속상함도 있었지만, 하나의 도전으로 남아있었던 것이었다. 실패의 경험이 두렵고 좌절감을 줄 것이라고 지레짐작했던 나는 오히려 이런 경험을 성장의 기회로 삼을 수 있도록 돕는 것이 필요하다고 생각했다.

 몇 주가 지나 새 학기가 시작되었고, 수업에 참여하는 학생들에게도 많은 변화가 있었다. 기존에 늘 출석하던 학생들은 다른 학원 스케줄로 인해 그만 둔 경우도 많았고, 새로 등록한 학생들도 많았다. 매주 함께 수업을 해야 할 학생들이기에 돌아가면서 자기소개를 하기로 했다. 3월이다 보니 1학년 학생들에겐 교실이라는 공간 자체가 굉장히 낯선 상황이었다. 한 1학년 여학생이 소개할 차례가 되었다. 그런데 그 학생이 울기 시작했다. 그래서 나는 다른 친구들이 자기소개가 끝날 때까지 기다렸다 마지막에 기회를 한 번 더 주겠다고 말하고, 혹시 그때도 발표하는 것이 어렵다면 그냥 넘어가도 좋다고 했다. 성인이라도 누군가에겐 다른 사람 앞에 선다는 것이 극심한 스트레스로 다가가는 경우를 많이 보았다. 분명 발표를 하는 연습이 필요한 것은 확실하고, 발표 경험이 긍정적인 성장에 도움을 줄 수 있다는 사실에는 동의하지만 나와 함께하는 수업의 학생들에게는 그러한 스트레스를 경험하게 하고 싶지 않았다. 결국 마지막 순서가 끝난 후에도 그 학생은 발표가 어렵다고 했고, 나는 괜찮다고 넘어갔다. 한 달, 두 달이 지나도 그 학생은 발표를 어려워했다. 그런데 세 달 차에 들어선 어느 날, 오늘 배운 수업 내용을 설명해 볼 사람이 있는지 학생들에게 물었는데 그 학생이 조심스럽게 손을 들었다. 다른 학생들에게 티를 내지는 않았지만 정말 반가운 순간이었다.

 어떤 학생은 발표는 쉽지만 글씨를 쓰거나 책을 읽는 것이 어려울 수 있다. 어떤 학생은 수업도 잘 따라오고 글도 잘 쓰지만 발표하는 것은 어렵다고 느낄 수 있다. 모두가 가진 능력과 성격이 다르다. 나는 그것을 세심하게 잘 파악해야 했다. 첫 발표를 무사히 끝낸 그 학생에게 "오늘 처음 발표했는데 잘 했네."라든지 "발표를 이렇게 잘하는데 왜 지금까지 안 했어?"라는 등의 칭찬은 하지 않았다. 늘 발표하던 친구들에게 하던 것처럼 칭찬 스티커를 하나 붙여주고 "오늘 수업 정말 잘 들었네!"라고 말해주었다. 그런 일이 있은 후, 그 학생에게 매주 적극적으로 발표하거나 큰 소리로 자신의 의견을 말하는 등의 변화가 있지는 않았다. 그리고 그러한 변화가 일어나야한다고 생각하지도 않는다. 처음 발표가 당황스럽고 조금은 무서웠던 자신의 감정을 울음으로 표현했다면, 이제는 조용히 손을 들거나 단호한 표정으로 손을 들지 않는 등 자신의 감정을 표현하는 방법을 점차 익혀나가는 중이라고 생각한다.

퍼실리테이터의 역할은 무엇일까? 수업 도중 울음으로 감정을 표출하는 학생과 어떻게 상호작용할 수 있을까? 두 가지를 반드시 고려해야 한다.

첫째, 다른 학생에게 피해가 가면 안 된다. 수업은 모든 학생이 동등하게 참여하는 자리다. 게다가 여러 학년이 섞여있을 경우 상대적으로 수업을 잘 따라오는 고학년 학생들이나, 계속 수업에 참여하던 학생들이 소외될 수 있다. 울음을 터뜨린 학생과 시간을 가지고 대화를 나누어야 한다고 생각된다면 다른 학생들에게 양해를 구해야 한다. 학생들은 우는 행위에 대해 대체적으로 부정적이다. '학생답지' 않다고 생각한다. 그래서 퍼실리테이터는 우는 학생이 잘못했기 때문에 기존의 학생들이 피해를 본다고 생각하게 해서는 안 된다. "선생님도 당황스럽거나 힘든 일이 있으면 눈물이 나오는데 이 친구도 지금 속상한 일이 생긴 것 같아요. 선생님이랑 잠깐 대화를 나눠야 할 것 같은데 여러분들이 이해해줄 수 있나요?"라며 전체 학생들의 의사를 물어본다. 그리고 선생님과 그 학생이 이야기 하는 동안 다른 학생들이 할 수 있는 과제를 미리 내준다. 필요에 따라서는 과감히 우는 학생을 그대로 두는 것도 좋은 방법이 될 수 있다. 때때로 혼자 감정을 추스르고 정리하는 것이 더 익숙한 학생이 있을 수도 있고, 정해진 수업 시간을 맞추기 위해서 단호한 결정을 해야 할 때도 있다. 이렇게 될 경우 수업이 끝난 이후 따로 이야기할 수 있는 시간을 갖는 것이 중요하다.

둘째, 퍼실리테이터도 감정적으로 대응해서는 안 된다. 수업 중간에 누군가 운다는 것은 강의를 진행하는 사람의 입장에서 당황스럽고 예기치 못한 상황이 될 수 있다. 그럴수록 더욱 침착해야 한다. 우는 것 또한 아동이 자신의 의사표현을 하는 것이라는 것을 기억하며 이해하고 있어야 한다. 이때 짧은 시간이지만 '왜 우는가?'에 대해서 고민을 하고, 수업 도중 내가 해결할 수 있는 일인지, 혹은 학생이 스스로 해결해야 하는 일인지를 판단하기 위해 대화를 나눈다. 무작정 왜 우는지 묻기보다는 "선생님은 지금 네가 이런 이유 때문에 울고 있다고 생각하는데 맞을까? 혹시 아니라면 왜 속상했는지 말해줄 수 있어?"라고 물어볼 수 있어야 한다. 절대 쉽지 않은 일이다. 수업 시간은 한정되어 있고, 우는 학생에 대해 부정적으로 보는 학생들, 우는 학생과 관계없이 자신에게 관심을 가져주었으면 하는 학생들, 빠르게 그냥 수업 진행을 하길 원하는 학생들이 늘 섞여있기 때문이다. 이 때, 우는 학생에게는 감정적으로 대응하지 않지만, 우는 학생과 대화를 하는 도중 끼어들거나 방해하는 학생들에게는 무심코 감정적 대응이 이루어질 수 있기 때문에 여러 상황을 침착하게 판단하고 볼 수 있는 능력이 필요하다.

한 걸음 더 들어가기

퍼실리테이터로서 준수해야 할 몇 가지 규정 중 하나는 강의 시작 전에 도착하여 교육장을 살피고 점검하며 교육생들을 맞을 마음의 준비를 하는 것이다. 아동을 대상으로 아동인권교육훈련을 진행할 경우 퍼실리테이터는 교육을 유연하고, 쉽고, 재미있게 진행해 유익한 성과를 거두어야 한다. 퍼실리테이터가 지켜야 할 규정과 퍼실리테이션의 핵심 요소는 좋은 퍼실리테이터의 기본기로 훈련되고 내재되어야 한다.

생각 나누기

에세이 '울음'에는 두 아동의 울음이 있다. 자신감 넘치던 한 소년의 울음과 자신감 없고 수줍은 한 소녀의 울음이다. 교육 현장에서 교육대상자인 아동의 울음은 퍼실리테이터를 당황하게 한다. 두 아동의 울음을 아동기의 특성과 연관 지어 이해한 후 적절한 대응 방안에 대해 생각해보자.

생각 더하기 ➕

유엔아동권리협약 제5조[42]는 아동을 바라보는 관점과 관련하여 매우 중요한 아동기 특성으로 '진화하는 발달능력'(Evolving Capacity)을 언급한다. 많은 사람이 아동기의 특성으로 미숙, 천방지축, 자기중심, 남의 탓, 핑계 등 결핍이나 부정적인 태도를 자주 언급한다. 교육은 성장이라고 한다.[43] 부족함에서 성장이 일어난다. 자신만만했던 소년도, 수줍고 자신감 없던 소녀도 울음으로 자신의 부족함이나 미숙을 표현했다. 그러나 그 미숙함은 긍정적으로 발전하는 계기가 되었다. 그러한 과정에는 부모나 교사 혹은 주변의 어른이 아동에게 향하는 태도와 반응 등 외부환경과 긍정적인 자극이 필요하다. 이는 퍼실리테이터에게 아동기 특성 이해와 아동의 발달 단계에 적합한 대응 및 상호 존중 등의 기술이 요구되는 이유이다.

---

42. 아동권리협약 제5조(아동의 진화하는 능력에 따른 보호자의 적절한 지도): 당사국은 아동이 본 협약이 명시한 권리를 행사함에 있어 부모 또는 현지관습에 의한 확대가족, 공동체 구성원, 법정대리인이나 기타 아동에 대한 법적 책임이 있는 사람들이 아동의 진화하는 능력에 맞는 적절한 지도와 감독을 제공할 책임과 권리 및 의무가 있음을 존중해야 한다.
43. 미국의 철학자이자 교육개혁가인 존 듀이(John Dewey)는 그의 저서 민주주의와 교육(Democracy and Education)에서 교육을 개인의 지속적인 성장을 촉진하는 경험의 조정이라 정의하며, 교육을 지속적인 성장과정으로 보았다.

피드백

아동인권을 처음 접하는 교육 참여자와의 활동에서는 대개 Wants & Needs(원하는 것과 필요한 것, 이하 W&N 카드) 카드를 활용한다. W&N 카드는 20장에서 24장 정도로 구성되어 있으며, 아동에게 필수적이지는 않지만 아동이 원하는 사항들과, 국제사회나 국가가 아동들에게 필수적으로 제공해야 하는 사항들이 적힌 카드가 적절하게 섞여 있다. 예를 들면, '원하는 것' 카드에 해당하는 내용은 혼자만의 침실, 최신 유행하는 옷, 자전거 등이 있으며, '필요한 것' 카드에 해당하는 내용은 학대와 방임으로부터의 보호, 적절한 의료혜택, 깨끗한 공기와 물 등이 있다. 이 W&N 카드 활동의 목적은 교육 참여자가 아동이 원하는 것과 아동에게 필요한 것을 명확하게 구분하고 유엔아동권리협약이 제정된 배경을 이해하는 것으로, 이를 통해 넓게는 유엔아동권리협약의 기본권까지 이해할 수 있다.

교육 참여자의 수준에 따라 배부되는 카드의 수를 16장에서

24장까지로 조정하고 있는데, 교육 참여자에게 카드를 배부한 후에는 한국에 거주하는 모든 아동이 해당 카드를 똑같이 제공받고 있다는 것을 전제로 시작한다. 그리고 두 번의 상황을 제시하는데 각각 지진, 쓰나미, 산사태와 같은 자연재해와 전염병, 전쟁과 같은 인재(人災)이다. 교육 참여자는 이 두 상황에 대응하기 위해 몇 장의 카드를 포기해야 하며 최종적으로 8장을 남겨야 한다. 즉, 이 활동은 교육 참여자가 아동이 원하는 것과 아동에게 필요한 것을 구분하고 어떤 환경에서든지 누구에게나 제공되어야 할 것을 기본권과 연결 지을 수 있도록 하는 활동이다. 카드를 제공할 때 고민이 되는 카드는 언제나 '원하는 만큼의 돈'이다. 처음 내가 교육 참여자의 입장에서 해당 활동을 진행할 때 '원하는 만큼의 돈'은 현실적으로 꼭 필요하다고 생각한 카드였다. 나도 그렇게 생각했기 때문에 교육 참여자들이 이를 선택하는 것을 어느 정도 이해하지만 퍼실리테이터의 입장이 되어보니, 해당 활동의 목적을 좀 더 명확히 전달하기 위해서는 더 우선이 되어야 하는 가치가 드러날 수 있도록 해야 한다는 고민에 빠지게 되었다. 사실 해당 카드가 '원하는 만큼의 돈'이 아닌 '필요한 만큼의 돈'이었다면 깊은 고민을 하지 않고 자연스럽게 선택해야 하는 카드가 되었을 것이라고 생각한다. '돈'은 언제나 중요하게 여겨져 온 가치이긴 하지만, 유독 대부분의 강의에서 최종 8장의 카드에 들어간다. 대학생, 청년, 일반 성인 혹은 종사자 교육에서도 '원하는 만큼의 돈'은 많이 선택되는 항목인 것을 보면 연령이나 환경에 따른 성향이기보다는 현시대에서 중요한 가치로 여겨지고 있다고 해석할 수도 있다.

강의를 진행해보면 '원하는 만큼의 돈'을 선택한 이유는 크게 두 가지로 나눠진다. 첫째는 '필요한 만큼의 돈'으로 이해하고 있는 경우이다. 최종 카드를 선택한 이유를 말할 때, 그 핵심이 생존에 필요한 물건을 구입하거나 위험으로부터 보호받을 수 있도록 하기 위함일 경우엔 해당 그룹에서는 '필요한 만큼의 돈'이 반드시 필요하다고 생각했다는 점을 짚어주면서 피드백할 수 있다. 더불어 필요한 돈으로 생존에 필요한 물건을 구입해야 한다면 모든 아동에게 최소한의 음식이나 생존에 필요한 도구가 제공되어야 한다고 생각했다는 것으로 확장시켜줄 수 있다. 둘째는 교육 참여자 개인의 가치관으로 인한 선택이다. 이때 보통 "내가 살아보니 결국 돈이 제일이다"라든지 "일단 돈만 있으면 여기 있는 것을 다 사버릴 수 있다"라는 의견을 내세우는 경우가 많다. 개인의 가치관에 대해 판단하거나 시비를 따질 수는 없지만 명확한 교육 활동의 목적이 있는 상황에서 이런 의견을 웃어넘기는 것은 전체 흐름을 해치거나 다음 활동에 영향을 줄 수 있다.

이때 사용할 수 있는 방법이 토론이다. 한동안 '원하는 만큼의 돈'에 대해 적절한 피드백을 하기 어려워 전체 카드에서 제외하고 활동을 진행하기도 했다. 그러나 좀 더 나은 피드백을 위해 몇 가지 카드를 두고 찬반 토론이나 모의 선거 형식 등의 다양한 변형 활동을 진행하기 시작했다. 그러나 결국 가장 빠르면서도 스스로 깨닫게 할 수 있는 좋은 방법은 교육 참여자 간의 토론이었다. 아동 대상 교육에서의 토론을 위해선 퍼실리테이터가 계속해서 질문을 던져야 한다. 끊임없는 꼬리 질문으로 새로운 상황을 제시하거나, 돈으로 해결할 수 없는 상황을 꺼낼 수 있도록 한다. 토론을 진행하다보면 다른 참여자들이 반대되는 의견을 제시할 수도 있고, 한 그룹에서만 머물렀던 토론의 내용과 생각의 배경이 더욱 확장될 수도 있다. 물론 활동에 모범 답안은 있지만 정답은 없기 때문에 토론을 통해 첫째 유형의 '필요한 만큼의 돈'으로 생각이 전환될 수도 있고, 혹은 자신의 생각이 개인적인 경험에만 머물렀다는 것을 깨달을 수도 있다. 여기서 가장 중요한 것은 활동의 목적이 그 교육 참여자 개인의 생각과 가치관을 바꾸는 활동이 아닌(물론 모든 교육이 끝난 이후 생각과 가치관이 긍정적으로 변화하는 것을 도모하지만), 모든 아동이 동일하게 반드시 제공받아야 하는 기본적인 권리를 찾는다는 것에 있다.

예시의 중점이 '돈'에 맞춰져 있긴 하지만, 사실 W&N 활동에서 정말 중요한 것은 피드백이다. 앞서 기술한 대로 활동의 목적에 맞게 활동을 끝내기 위해서는 어떤 카드가 최종적으로 선택되더라도 잘 풀어낼 수 있어야 하기 때문이다. 최종 카드로 '자전거'를 선택하는 교육 참여자가 종종 있다. 한 참여자에게 그 이유를 물었더니 이렇게 대답했다. "저는 아직 어려서 자연재해가 일어나거나 전쟁이 일어났을 때 달리기를 해서 피하기에는 너무 느려요. 그리고 어른들처럼 자동차를 사용할 수도 없어요. 그런데 저는 자전거를 잘 타니까 제 동생도 같이 챙겨서 도망갈 수 있어요." 퍼실리테이터는 여기서 아동이 위험으로부터 보호받을 수 있는 장소, 위기에 대처할 수 있는 도구 등을 필요로 한다는 것을 찾아낼 수 있어야 한다. 아동의 보호를 위해 자전거라는 수단을 선택한 것을 이해하고, 이에 대한 피드백을 주면서 최종적으로 선택한 카드는 자전거지만 이것이 놀이 수단이 아니라 스스로를 보호하기 위한 도구라는 것을 짚어준다. 비슷한 예시로 '혼자만의 침실'을 선택한 교육 참여자도 있었다. 해당 참여자는 그 이유에 대해 "'혼자만의 침실'이 있으면 그곳은 저만의 공간이기 때문에 소중한 가족들과 친구들을 제 방에서 지켜줄 수 있기 때문이에요"라고 대답했다. 이 또한 아동이 위험으로부터 보호받을 수 있고 안전하게 느낄 수 있는 공간을 필요로 한다고 해석할 수 있다.

  활동을 준비하면서 어느 정도의 모범 답안을 가지고 있어야 한다. 그러나 교육 참여자의 생각과 선택, 발표 내용에 따라 교육의 흐름은 언제나 달라질 수 있다. 따라서 퍼실리테이터는 늘 교육 참여자가 어떤 생각과 가치관으로 자신의 의견을 피력하는지 경청하고 이를 최대한 긍정적인 방향으로 이끌어 갈 수 있어야 한다. 단순히 '자전거'나 '혼자만의 침실'을 선택했다는 것을 존중하고 넘어가는 것과, 이를 선택한 이유가 결국 안전한 장소와 보호받을 수 있는 공간을 필요로 한다고 언급하고 넘어가는 것은 다르기 때문이다.

한 걸음 더 들어가기

  아동인권을 퍼실리테이션하기 위해 개발된 교재나 교구는 성인, 아동 모두를 대상으로 한다. 모두를 대상으로 하는 교구는 어려운 것을 쉽게 깨달을 수 있도록 하는 유익한 도구가 된다. W&N 카드 활동은 특히 유용하다. 그러나 이 도구는 활용하는 퍼실리테이터의 역량에 따라 활동의 효과에 차등이 생긴다. 퍼실리테이터 자신이 이해한 만큼만 교육 참가자들에게 깨우침의 기회를 주기 때문이다. 특히 아동 대상 교육의 경우 정답 없는 활동이긴 해도, 기대하는 답안에 접근하기를 바라며 진행한다. W&N 카드 활동의 목표는 아동의 권리가 무엇인지 자신의 언어로 정의내릴 수 있도록 안내하는 것이다. 아동의 생존권 보장을 위해서는 깨끗한 물, 맑은 공기, 의료, 보건 등이, 보호권 보장을 위해서는 집과 가족, 차별로부터의 보호가, 발달권 보장을 위해서는 교육이, 참여권 보장을 위해서는 자신의 의견을 표명할 권리 등이 기대하는 활동 결과가 된다. 이 활동에는 전제 조건이 있다. 전쟁과 같은 인재나 지진, 홍수와 같은 자연재해가 있다 하더라도 그 활동 결과들이 아동에게 반드시 제공되어야 한다는 것이다. 즉, 궁극적으로 이 활동의 목적은 어떤 환경이나 상황에서도 마땅히 아동이 누려야 할 최소한의 권리를 '아동인권'으로 정의할 수 있도록 퍼실리테이션하는 것이다.

생각 나누기

아동을 대상으로 진행하는 W&N 카드 활동에서는 아동들이 "돈으로 필요한 것을 모두 살 수 있으니 내게 가장 필요한 것은 원하는 만큼의 돈이야"라고 생각하는 경우가 많다. 그들이 아동권리와 아동인권을 올바르게 이해할 수 있도록 하는데 적절한 코멘트와 피드백은 어떤 것이 있는지 생각해보자.

생각 더하기

인권은 인간의 존엄성 존중으로 시작된다. 인권교육은 가치와 신념을 실현하는 교육 과정이다. 비록 우리 사회가 물질만능주의에 물들어 있다 해도 세상에는 돈으로 살 수 없는 것이 많이 있다는 것을 아동이 이해할 수 있도록 돕는 피드백이 필요하다. 사람의 존엄성을 존중하고 존중받는 것, 이해하고 이해받는 것, 상대방의 생각을 존중하는 것 등은 사람이 사는데 물질의 많고 적음의 문제와 차원이 다르게 중요하고 소중한 것이라는 것을 알도록 해야 한다. 아동인권교육훈련이 우리 삶에서 '가치 있는' 활동임을 강조하는 것은 중요하다. 이를 통해서 서로의 인권을 보호하고 존중하는 문화를 실현할 수 있다.

이주배경

유엔아동권리협약의 조항을 교육 참여자와 함께 읽어보거나 일반원칙 조항카드를 활용할 때 가장 많은 공감과 지지를 얻는 조항은 제2조이다. 협약 제2조는 아동과 부모 또는 보호자의 인종, 성별, 언어, 종교, 정치적 의견, 국적, 출생, 재산 등에 관계없이 차별을 받지 않고, 당사국(협약에 비준한 국가)은 이를 위한 적절한 조치를 취해야 한다고 명시한다. 제2조는 협약의 일반원칙 중 하나인 비차별의 원칙을 명시하고 있으며 아동 개인이 처한 상황 외에도 국가적 배경, 양육자의 배경에 따라서도 차별받으면 안 된다는 사실을 강조한다.

10년 전만 해도 통계수치를 통해 국내에 이주배경을 지닌 아동들이 점차 늘어난다는 것을 알았다. 그러나 최근에는 이러한 상황을 더욱 피부로 느낄 수 있다. 길거리에서도 이국적인 외모를 지닌 사람들을 어렵지 않게 마주할 수 있고, 지역아동센터나 아동양육시설, 초등학교, 학원에서도 다양한 문화적 배경과 국적의 아동을 쉽게 접할 수 있다. 이주배경아동을 자주 만날 수 있다는 것은 문화적 배경이 다른 사람들과의 접촉 빈도수가 늘어난다는 것을 의미한다.

그러나 이러한 접촉이 잦아질수록, 인터넷 기사나 SNS, 소셜 미디어 콘텐츠 등에서 무분별한 혐오 표현에 노출될 가능성 또한 높아지고 있다. 미디어를 통해 노출되는 다양한 콘텐츠의 옳고 그름을 판단하거나 윤리적 문제를 발견하기에는 초등학생 연령의 아동들에게 아직 어려울 수 있다. 따라서 매체 이용에 따른 적절한 지도와 쏟아지는 콘텐츠를 모니터링할 수 있는 방안이 마련되어야 하지만, 현실적으로 이를 실현하기는 쉽지 않다. 남을 비하하거나 주류 집단과 다른 특징을 부각시키는 콘텐츠는 아동들에게 부정적 영향을 미칠 수 있다. 이러한 콘텐츠를 통해 접한 이주배경아동에 대한 편협하고 차별적인 가치관은 결국 아동의 일상생활에 반영될 수 있다. 이런 환경에서 이주배경아동이라는 이유로 차별을 경험한 아동은 차별이 나쁜 행동임을 알지만, 그런 상황에서 자신을 방어하거나 문제를 해결할 방법을 모를 수 있다. 마찬가지로 차별이 잘못된 행동이라고 정확히 배우지 못한 아동은 자신도 모르는 사이 타인을 차별하는 행동을 할 수 있다. 특히 이주배경아동을 자주 접하는 오늘날의 환경에서는 인권교육을 통해 다양한 문화를 존중하고 받아들이며, 이를 주류 문화와 동등하게 이해할 수 있도록 돕는 것이 중요하다. 인권교육은 아동들이 자신의 잘못된 생각을 성찰하고 교정할 기회를 제공하며, 동시에 자신이 불합리한 상황에 처했을 때 문제를 인식하고 대처할 수 있는 힘을 길러준다.

중학교 1학년을 대상으로 인권교육을 마치고 나서 강의에 임한 교육 참여자 간의 대화로 모든 이야기를 정리하는 시간이었다. 어떤 학생이 조심스럽게 나에게 말을 꺼냈다.

"선생님 저의 엄마는 베트남 사람이에요. 그래서 학교랑 센터에서 항상 애들이 놀렸어요. 근데 오늘 선생님이 알려주신 협약에 그렇게 하면 안 된다고 적혀있다는 걸 알고 놀랐어요. 평소 그 친구들이 잘못한 것이고 저는 차별받거나 놀림을 당하면 안 된다고 생각했는데, 진짜 협약에 그렇게 쓰여 있다니까 안심이 되었어요."

나는 이 말을 듣고 인권교육의 효과를 실감했다.
흔히 '다문화'라고 지칭하는 단어는 말 그대로 다양한 문화를 나타내지만 실제로는 차별적 용어로 많이 사용되기 때문에 개인적으론 지양하는 표현이다. 그래서 이 글에서는 앞선 표현처럼 이주배경아동이라는 단어를 사용했다. 이주배경이라는 수식어를 통하면 좀 더 객관적이고 다양하게 그 대상을 바라볼 수 있다. 다문화와 상호문화를 다루는 학과에서 석사과정을 공부하면서 수많은 이주배경가정과 그 아동들을 만났다. 그 대상은 난민, 미등록 이주자, 결혼 이주민, 이주 노동자, 유학생 등으로 다양했는데 이들은 한국 사회 내의 인식 변화가 필요하다고 말했다. 대부분 떠올리는 다문화 가정은 어머니가 외국인인 모습이다. 또한 다문화 정책 대상에 해당되는 결혼 이주민 여성은 한국 문화나 한국어를 배우는 프로그램에 참여할 수 있는 수준에 그친다. 전문가들은 다양한 시각에서 이러한 현상을 바라보는데, 아버지 나라의 국적을 따르는 것이 일반적이라고 생각하는 인식에서 기인한다고 본다. 또한 결혼 이주민 여성을 대상으로 하는 한국어 교육은 한국 사회 적응이 목적이기 보다는 자신의 자녀에게 한국어를 제대로 교육하기 위함으로 바라보는 시각이 많다. 그러나 실제로 아동에게 제대로 된 언어적 자극을 제공하기 위해서는 한국어를 모국어로 사용하는 아버지(혹은 어머니)가 담당해야 하고, 자신의 모국어가 따로 있는 어머니(혹은 아버지)는 자신이 편한 언어를 교육하는 것이 바람직하다. 이러한 현상은 동남아시아 국가에서 이주해온 가정에서 많이 보이는 특징이다. 만약 결혼 이주자의 모국이 영어권의 나라라고 가정한다면 아이에게 한국어를 가르쳐야 한다는 이유로 결혼 이주자에게 한국어 학습을 강요하지 않기 때문이다.

인권교육은 자기와 마주하는 모든 대상이 자신과 동등하며 동일한 인격체임을 이해하고 인정하는 것에서부터 시작한다. 모든 인간이 똑같기 때문에 아동과 성인 사이에서 발생하는 차이와 갈등을 해결하는 방법을 배우고, 또 아동과 아동 사이에서 발생하는 갈등을 인권적 시각에 맞추어 관리할 수 있는 방법을 배운다. 이 기저에 협약 제2조에서 강조하는 비차별의 원칙이 있다. 그러나 이미 한국 사회는 이주배경아동과 한국인 부모에게서 태어나 자연스럽게 한국인으로 살아가는 아동들, 한국에서 태어나지 않았고 부모 모두가 한국인도 아니지만 한국에서 살아가야 하는 아동들에게 동등한 환경을 제공하고 있지 않다. 사회의 인식을 제고하고 정책 변화를 도모해야 하지만, 이주배경아동들이 학교나 생활 현장에서 좀 더 차별을 경험하지 않도록 교육을 통해 생각을 바꾸어주는 것이 중요하다. 명확하게 잘못된 행동은 스스로 깨닫도록 이끌어주고, 그 잘못을 인정하고 언행에 주의할 수 있도록 하는 것이 교육의 목적이 되어야 한다고 생각한다.

한 걸음 더 들어가기

　유엔아동권리협약 전문(Preamble) 마지막 문단은 "아동 보호와 아동의 조화로운 발달을 위해 각 민족의 전통과 문화적 가치의 중요성을 충분히 고려하고, 모든 국가 특히 개발도상국 아동의 생활여건 향상을 위한 국제협력의 중요성을 인정하며…"라고 명시하고 있다. 유엔아동권리협약 제2조의 비차별 조항은 "당사국은 아동이나 그 부모, 법정 대리인의 인종, 피부색, 성, 언어, 종교, 정치적 견해 또는 기타 의견, 민족적, 인종적, 사회적 출신, 재산, 장애, 태생, 신분 등의 차별 없이 본 협약에 규정된 권리를 존중하고 모든 아동에게 이를 보장해야 한다"고 천명한다. 협약 제30조는 "인종적·종교적·언어적 소수자나 선주민 아동은 자신이 속한 공동체 구성원들과 함께 고유의 문화를 향유하고 고유의 종교를 믿고 생활하며, 고유의 언어를 사용할 권리를 보장받아야 한다"고 규정한다.

생각 나누기

　취약한 환경이나 상황에 놓인 사람들은 일상생활에서 공평하지 못하거나 정의롭지 못한 대우를 받아도 심각하게 문제의

식을 느끼지 못하며 익숙하게 받아들이기도 한다. 중학교 1학년 학생들과 아동인권교육을 진행한 후 만난 이주배경학생의 이야기를 들어보자.

"선생님 저의 엄마는 베트남 사람이에요. 그래서 학교랑 센터에서 항상 애들이 놀렸어요. 근데 오늘 선생님이 알려주신 협약에 그렇게 하면 안 된다고 적혀있다는 걸 알고 놀랐어요. 평소 그 친구들이 잘못한 것이고 저는 차별받거나 놀림을 당하면 안 된다고 생각했는데, 진짜 협약에 그렇게 쓰여 있다니까 안심이 되었어요."

퍼실리테이터가 교육 후 참가자들로부터 반갑고 힘이 나는 피드백을 받은 경우다. 이 이주배경학생은 피해자다. 그렇다면 본의 아니게 가해자가 된 학생들도 함께 교육을 받았으니 가해자의 피드백도 필요하다. 이런 경우에 어떻게 하면 교육받은 모든 학생들로부터 적절한 피드백을 이끌어낼 수 있을까?

생각 더하기 ➕

아동인권교육훈련을 퍼실리테이션하는 목적은 교육이 지식과 정보를 습득하는 것으로 끝나지 않고 삶의 현장에 적용되어 행동의 변화를 끌어내기 위함이다. 교육훈련이 끝나면 교육에 대한 피드백이 반드시 필요하다. 이를 위해 세 개의 짧은 질문을 담은 질문지를 사용할 수 있다.

1) 오늘 새롭게 배운 것은 무엇인가?
2) 가장 좋았던 것은 무엇인가?
3) 더 알고 싶은 것 혹은 개선점은 무엇인가?

 이 세 가지 질문은 아동이나 성인에게 똑같이 그들이 받은 교육에 관한 간단한 피드백이 드러나는 질문이다. 질문을 통해서 교육이 참가자에게 미친 영향을 가늠하고 다음에 계획하는 교육훈련이나 방법을 보완하고 개선하는 기회를 얻는다.

기여자

퍼실리테이션 기법은 교육 참여자들의 적극적인 참여로 완성된다. 그렇기 때문에 교육 참여자가 스스로 교육의 흐름을 형성해간다고 생각할 수 있도록 만들어야 한다. 교육에 자신이 기여했다는 긍정적인 경험과 생각은 향후 아동의 개인적 성장에도 도움을 줄 수 있다.

일회성으로 끝나는 교육이든, 다회성으로 연결되는 교육이든 교육 참여자는 교육의 종료 이후에도 아동인권의 신장과 보장을 위해 행동하고 실천할 수 있다는 것을 인식할 수 있도록 격려해야 한다. 이를 위해서 권리주체자와 의무이행자 개념이 명확하게 제시되어야 한다. 권리주체자는 자신이 어떤 권리를 가지고 있는지 알고 적절한 때에 그 권리를 주창할 수 있는 모든 사람을 말한다. 의무이행자는 상대방의 권리를 인식하고 그가 요구하는 권리가 보장된다고 온전히 판단될 때에 최선을 다해 노력해야 하는 모든 사람과 집단을 말한다. 의무이행자는 권리주체자가 요구하지 않더라도 필요하다고 판단되면 그에 응하는 노력을 해야 할 당위성을 가진다. 권리주체자와 의무이행자는 선순환적 관계로 권리와 의무를 모두 가질 수 있다. 따라서 교육 종료 이후 교육 참여자는 자신을 권리주체자이자 의무이행자로 인식하고 이에 합당한 행동을 취할 수 있어야 한다. 이를 위해서는 아동으로서 아동인권옹호를 위해 앞장서거나 적극적인 행동을 취한 사례를 접하는 것이 중요하다. 교육에서 소개하는 사례는 해외 사례보다는 교육 참여자가 더 가깝고 친숙하게 느낄 수 있는 국내 사례가 좋다. 자신과 동등한 아동의 위치에서 행동하고 실천하는 사례를 통해 아동이 참여권을 스스로 증진시키고 자신들의 활동으로 인해 또 다른 기본권이 보장된다는 것을 보여줄 수 있다.

2013년 국제아동인권센터와 보건복지부에서 공동주최한 '2013 대한민국 아동총회'에서 아동 지역대표로 활동했던 한 아동의 사례가 있다. 이 아동은 아동총회 이후 다양한 지역 활동과 발표까지 4개월간의 프로젝트를 마쳤다. 그는 여기에 머무르지 않고 이후에도 꾸준히 아동의 이슈와 활동에 관심을 가지며 활동했다. 2014년부터 이어진 '아동 100인 원탁토론회의'의 패널, 아동인권 스스로지킴이 등으로 활동한 이 아동은 국회에서 아동 대표로 발표를 하기도 했다. 교외 활동이 생활기록부에 기입되던 때와 달리 입시평가에서 교내 행사 참여만을 평가 사항으로 정한 이후, 교외 활동에 적극적으로 참여하는 아동의 수가 큰 폭으로 줄어들었다. 그럼에도 교외 활동에 적극적으로 참여하는 아동은 성적과 입시와는 상관없이 진정성 있게 활동하며 각자의 가치 실현을 이루고자 했다.

사례에서 소개된 아동이 성인이 되었을 때, 나는 인터뷰를 통해 "지금 아동기를 되돌아봤을 때, 어떤 활동이 가장 기억에 남는가?"를 물어보았다. 나는 '국회에서 발표한 것이 가장 기억에 남는 자랑스러운 활동이 아니었을까?' 하는 생각에 그 질문을 했다. 그러나 예상 밖의 대답이 왔다. 당시 그가 활동하던 그룹이 서울과 부산에서 아동권리에 관심이 있는 사람들을 대상으로 두 차례 토크쇼를 열었는데, 특히 부산에서 진행했던 토크쇼가 더 기억에 남았다고 답했다. 토크쇼 지역을 두 군데로 잡은 이유는 함께 프로젝트를 진행했던 아동들의 접근성 문제 때문이었다. 대부분의 참여 아동은 수도권에 거주했다. 이는 국제아동인권센터가 서울에 위치하고, 발대식 등의 행사도 서울에서 진행되어 자연스럽게 수도권 아동의 참여율이 높았다. 그런데 함께 활동하는 아동 중 일부가 부산에 거주했고 행사를 위해 늘 서울까지 올라와야 했다. 그래서 프로젝트를 함께 진행한 그룹 내 형평성 차원에서 토크쇼를 서울과 부산에서 두 차례 진행하자고 결정하였다. 토크쇼는 아동을 바라보는 잘못된 시선과 관련된 사례를 각색하여 직접 제작한 참여형 연극과 함께 아동의 고민과 생각을 직접 들을 수 있는 활동들로 진행되었다. 서울에서 토크쇼를 진행할 때는 서울에 거주하는 아동들의 가족이나 지인이 많이 참석했기에 실질적인 아동의 의견이 많이 나오지는 않았다고 했다. 이에 반해 부산에서 토크쇼를 진행했을 때에는 서울에 비해 수월하게 참석 아동의 모집이 이루어져 실제로 아동권리에 관심을 가지고 있는 아동들의 참여도가 높았다. 그래서 아동권리를 위해 활동하는 아동도 생각하지 못한 분야나 사례가 자유롭게 발표되는 등 건강한 토론의 장이 펼쳐져 특별히 더 기억에 남았다고 했다. 그는 아동이었을 때 몇 년 동안 다양한 활동에 참여했지만 솔직히 그때의 기억을 떠올려보면 형식적인 행사가 많았던 것 같았다고 토로했다. 그러다 아동에게 필요하다고 여겨지는 활동을 직접 기획하고 행사를 개최하며 동등한 위치에서 아동들과 만난 것이 자신에게 더욱 생생하고 의미 있는 경험으로 다가왔다고 설명했다.

한두 번의 경험이 한 아동의 인생을 변화시키거나 가치관을 단숨에 바꿀 수는 없다. 그러나 단 한 번의 경험이라도 그 과정이 특별하다면 분명히 긍정적인 영향을 줄 수 있다. 퍼실리테이터는 교육 중일 때와 아닐 때에 각각 다른 입장을 취하고 다른 역할을 해야 한다. 교육 내에서는 앞서 기술한 바와 같이 다양한 아동의 사례를 소개하고, 교육에 참여한 아동들의 고민과 문제들을 도출할 수 있어야 한다. 교육 참여자의 관심사와 교육 이해 정도에 따라 답변이 달라질 수 있는데, 소극적인 교육 참여자들이 대부분일 경우에는 유엔아동권리위원회에서 권고한 부분을 소개해주는 것도 이야기를 풀어나가는 방법이 될 수 있다.

  교육 내에서는 교육 참여자가 사회의 문제를 인식하며 어떤 방식으로 자신이 그 문제 해결에 기여할 수 있는지 고민하는 것까지만 이뤄져도 성공적인 교육 결과를 도출했다고 말할 수 있다. 교육 이후 아동이 주체가 되는 활동에 퍼실리테이터로 참여할 경우에는 교육 때보다도 퍼실리테이터 자신이 드러나지 않도록 더욱 주의해야 한다. 아동이 주체가 되어 진행하는 활동의 경우에는 아동으로서 할 수 없는 일들과 마주할 수 있다. 행사 참여자들에 대한 보상이나 강화물 준비, 장소 사용료 지불 등과 같은 경제적인 사항일 수도 있고, 중재가 필요한 갈등일 수도 있다. 이때 퍼실리테이터는 공평하게 모든 상황을 바라봐야 하며, 아동친화적인 방법으로 문제를 해결해야 한다.

한 걸음 더 들어가기

　아동인권을 퍼실리테이션할 때, 민주주의 참여식으로 진행하기에 교육 참여자가 성인이든 아동이든 상관없이 전통적인 교육에서의 선생과 학생, 즉 가르치는 자와 배우는 자의 이분법적인 관계를 지양한다. 가르치는 자가 따로 없고, 교육 참여자와 교육을 쉽고 재미있고 유익하게 이끌고자 하는 퍼실리테이터가 있을 뿐이다. 따라서 교육의 성패는 참여자의 높은 참여도에 따라 갈린다.

　아동인권교육이라 해서 아동은 권리주체자이고, 성인 혹은 퍼실리테이터는 의무이행자라는 이분법으로 나뉘지 않는 것이 교육의 특징이다. 아동이 권리주체자이고 퍼실리테이터 역시 권리주체자이다. 퍼실리테이터가 의무이행자이며 아동 역시 의무이행자이다. 다만 권리주체자와 의무이행자는 '선순환 관계'임을 명심하면 된다.

생각 나누기

　한 아동이 어려서부터 인권 감수성을 보이며 아동인권옹호단체에서 아동인권 증진을 위해 기획한 행사와 활동에 적극적으로 참여하면서 다양한 아동인권옹호활동의 기여자 역할을 감당했다. 아동이 아동인권을 옹호하는 자리로, 다시 아동인권 증진을 위해 아동인권 원탁토론의 퍼실리테이터로 한 걸음 더 나아가는 기회를 얻어 활동했다. 여기서 더 발전해 지역사회의 아동인권 이슈를 찾아내 정부에 정책 제안을 할 수 있는 아동인권옹호전문가로 성장하게 된 의미 있는 사례가 되었다. 이는 아동의 참여를 통한 아동인권교육훈련의 퍼실리테이션 기법의 성과를 확인할 수 있는 사례다. 그는 아동인권의 당사자인 아동이 입시문제가 아동의 성장과 발달에 유익한 활동을 가로막는 국내의 현실적 상황에도 불구하고 관심과 열정만 있다면 얼마든지 가치 있는 활동을 하며 인권옹호전문가로 성장할 수 있음을 보여줬다.

당사자들의 참여권 증진을 위해 아동이 아동의 인권을 옹호하는 활동을 활성화하는 방안은 어떤 것이 있을지 생각해보자.

생각 더하기 ➕

아동기에 입시 부담을 안고 하고 싶은 일이나 활동을 뒤로한 채 오직 상급학교에 진학하는 것을 인생 최대 목적으로 삼는 것이 지금 대한민국의 현실이다. 그러나 이런 가운데에서도 아동기를 사는 아동·청소년이지만 깨어있고 열린 마음과 정신을 갖고 사회의 엄연한 구성원으로 이 사회를 긍정적으로 변화시키는 일에 역량을 키워나가는 아동·청소년의 수가 늘어난다면, 아동인권옹호가도 하나의 미개척 시장에 속하는 직업군으로 분류될 수 있는 세상이 올 것이다.

모든 아동이 안전하고 건강하고 행복하게 사는 길을 만드는 데 당사자인 아동·청소년들이 적극적으로 참여해 세상을 바꿔나가는 변혁의 주체들이 되길 기대한다.

훈육

아동들과 교육 상황을 만들어나가다 보면 한국 어른의 입장에서 유교적 가치관과 충돌할 때가 있다. 일회성 교육일 때는 강사도, 교육 참여자도 어느 정도의 긴장감을 유지하고 있기 때문에 그럴 일이 자주 발생하지는 않는다. 그러나 다회성 교육에서 지속적으로 교육 참여자들과 만나 라포(Rapport, 두 사람 또는 집단 간의 신뢰, 이해, 친밀감이 형성된 긍정적이고 상호 작용적인 관계)가 형성되어 있을 때엔 충돌의 가능성이 높아진다. 내가 아동이었을 때를 떠올려보면, 학교에서 선생님으로부터 가장 듣고 싶지 않았던 말은 이런 말들이다. "이렇게 하면 오늘 게임 없어." "나도 말 좀 하자." "지금 내가 말하는 중이잖아."

그런데 어느새 내가 그와 같은 말을 내뱉고 있었고, 그런 나를 발견할 때면 이상한 느낌이 든다. 그러나 권위주의적인 태도에 대한 반성과 성찰이 있다 하더라도 교육을 방해하거나 예상치 못한 방식으로 힘들게 하는 교육 참여자를 만날 가능성이 분명히 존재하며 그럴 경우엔 강사이자 퍼실리테이터인 나는 적절하게 행동을 취해야 한다. 다음에 제시된 세 가지 상황에 처할 경우, 퍼실리테이터이자 교육을 이끌어가는 강사는 어떻게 행동해야 하는 지를 고민해보자.

사례 1)

보상 선물이 약속되어 있는 칭찬 스티커를 더 많이 모으기 위해 A반과 B반으로 나눠져 있는 모든 수업에 참여하는 학생 1이 있다. 학생 1을 수업에 참여하지 못하도록 제한할 수는 없는 상황이다. 그러나 앞 반에서 배우거나 토론한 내용을 기억하여 뒷 반 수업에서 제일 먼저 정답을 말한다. 그날 수업 주제에 맞는 어떤 개념을 도출하고 이해하기 위해 충분한 고민과 토론을 거치도록 수업을 설계했지만 이미 그 수업을 한 번 참여한 학생 1은 뒷 반 수업에서 더 빨리 토론을 끝내고 놀이 프로그램을 하기 위해 그렇게 행동한다. 학생 1은 계획된 수업을 진행하려고 하는 강사의 말을 끊으며 "정답 얘기했으니까 그냥 넘어가고 빨리 게임 해요"라고 한다.

한 걸음 더 들어가기

　아동인권교육훈련이 참여식으로 진행되기에 교육의 성과가 교육생의 참여도에 따라 좌우된다. 교육 참여자들이 자발적으로 교육에 참여하면 교육 효과는 높아진다. 아동 대상 아동인권교육을 퍼실리테이션할 때 아동들이 교육에 흥미를 보이지 않고 집중하지 않는 경우가 종종 있다. 아동 대상 교육을 맡은 강사는 아동의 관심과 흥미를 집중시키는 방법으로 보상체계를 활용하곤 한다. 그러나 아동인권을 퍼실리테이션하는 퍼실리테이터는 협약의 비차별 원칙을 준수하도록 요구 받는다. 퍼실리테이터는 모든 아동을 차별 없이 존중해야 하고, 아동 최상의 이익을 최우선적으로 고려하면서 교육을 진행해야 한다. 이러한 암묵적인 약속과 기준을 지키기 위해 교육 프로그램 진행 시 보상체계 활용을 가능한 한 제한한다.

생각 나누기

　초등학생 대상으로 교육을 진행할 때 여러 가지 환경과 분위기로 인해 불가피하게 참여에 대한 보상을 약속하고 교육을 진행하는 경우가 있다. 아주 작은 것이라도 보상을 약속하면 적극적으로 참여하므로 퍼실리테이터는 교육에 집중하고 경쟁적인 참여를 통해 교육이 활성화되기를 기대하고 보상을 약속한다. 그러나 아동 대상의 교육 현장에서는 사례에서처럼 예기치 못한 돌발 행동을 하는 아동이 존재한다. 교육에는 관심이 없고 보상에만 집중하는 결과를 초래한 사례다. 교육을 진행하는 강사로서는 주객이 전도되는 황당한 느낌을 받는다. 사례에서의 아동처럼 같은 내용으로 진행되는 두 번의 강의에 참여해 정답을 맞히고 보상을 받고자 할 뿐 아니라 다른 친구들의 수업을 방해하고 강사를 난처하게 하는 경우가 종종 있다. 이럴 때 퍼실리테이터는 어떻게 문제를 해결하고 의연하게 강의를 진행할 수 있는지 방법을 생각해보자.

생각 더하기 ➕

"너 이렇게 하면 오늘 게임 없어"라는 이야기를 들을 때 아동은 이런 식으로 반응할 수 있다. "왜요? 정답 말하면 게임 한다고 했잖아요. 제가 정답을 맞혔으니까 빨리 게임해요! 선생님이 약속했잖아요." 황당한 상황이다. 아동은 자신이 무얼 잘못했는지 느끼지 못한다. 이러한 때, 무조건 참고 모든 것을 허용하는 것이 퍼실리테이터의 역할은 아니다. 퍼실리테이터는 아무리 난감한 상황에 놓여도 비폭력적이고 순화된 언어로 쉽게 깨우치도록 돕는 역할을 해야 한다. 이렇게 당황스러운 분위기를 만날 때, 퍼실리테이터는 잠시 숨을 고르고 마음을 다스리는 시간을 가져야 한다. 그리고 무얼 해야 할지 생각해야 한다. 첫째, 비폭력 접근이다. 목소리를 높이지 않고 부드럽고 온화한 태도를 유지해야 한다. 둘째, 아동을 존중하는 태도를 유지해야 한다. 셋째, 아동의 발달 단계를 고려해야 한다. 넷째, 문제 해결 방법을 찾아 아동과 함께 해결해야 한다. 이상의 네 가지 과정을 내재화하여 긍정적으로 문제를 풀어가야 한다. 아동과 함께 이 과정을 잘 지나가면 아동도, 퍼실리테이터도 진화하는 발달 능력을 체험하며 아동의 성장과 발달에 기여할 수 있다.

사례 2)

수업에 집중을 잘하지 못하는 학생 2가 있다. 계속해서 큰 소리로 다른 학생들의 이목을 집중시키고, 몸을 과하게 흔들거나 큰 움직임으로 주변에 앉아있는 학생들에게 피해를 준다. 강사가 이러한 태도에 대한 주의를 요하면 이해를 하지 못하거나 수업의 흐름에 방해가 되는 언어 표현을 지속적으로 내뱉는다. 주변에 앉은 학생들은 이 학생에 대한 강한 제재를 요구하고 수업에 참여하지 못하도록 교실 밖으로 내보내거나, 손을 들고 서있는 등의 체벌을 요구한다. 이렇게 강사에게 강한 태도를 요구하는 학생들은 강사가 수업을 방해하는 학생 2에게 제대로 된 제재나 지도를 하지 않아 자신들이 즐겁게 참여하고 싶은 수업을 방해받고 있다고 주장한다.

한 걸음 더 들어가기

초등학교 수업에서는 집중을 잘하는 아동보다 집중을 잘하지 못하는 아동이 더 많을 수도 있다. 게다가 사례 2에 등장하는 아동처럼 자신이 수업에 집중하지 못할 뿐 아니라 다른 친구들도 집중하지 못하게 만드는 아동이 있다. 그런 교실에서 순조로운 강의 진행은 어렵다. 아동에게 주의를 준다고 해도 이를 이해하지 못하거나 마냥 소리 지르는 아동에게는 특별한 보호와 관찰 그리고 세심한 진단이 필요하다. 한 아동이 강사가 수업을 진행할 수 없을 만큼 격하게 반응하고 감정 조절이 되지 않는 경우엔 수업을 들으려고 애쓰는 다른 아동들에게 방해가 된다. 수업에 적극적으로 참여하려는 아동들은 자기들의 학습권을 침해하는 친구를 벌하고, 교실 밖으로 내보내 분리하여 방해받지 않기를 원한다. 그러나 단 한 명의 낙오자 없이 서로 존중하고 배려하며 자유로운 분위기에서 서로 배우고 나누는 아동인권친화환경을 유지하도록 활동하는 것이 퍼실리테이션의 가장 이상적인 모습이다. 어떤 경우에는 말로 풀어보려고 시도해도 허사일 수 있다. 서로의 의견이 개진되고 서로의 생각이 공유되는 상황에서 한 명의 참여자가 너무 많은 말을 한다거나, 친구들의 참여를 방해하거나 참여의 기회를 빼앗는 경우에 퍼실리테이터는 그 상황을 개선해야 한다. 그것은 아동인권을 퍼실리테이션하는 퍼실리테이터의 역량이고 자질이다.

생각 나누기

수업이 시작되었으나 한 아이의 과잉 행동으로 교실 분위기가 어수선하고 수업 진행이 어렵다. 아동이 대책 없이 몸을 흔들며 소리를 지르고 있으며 다른 아동들은 불쾌함을 표현하고 있다. 수업 진행을 위해서는 우선적으로 이러한 불만의 소리를 해결해야 한다. 퍼실리테이터로 활동하는 교실에서 이런 상황에 처했을 때 대처할 수 있는 방법에 대해 생각해보자.

　수업의 진도는 나가지 못해도 함께한 아동 모두가 즐겁고 자유로운 분위기로 전환되기 위해서 훈련된 퍼실리테이터는 어떻게 대응해야 하는지 생각해보자.

생각 더하기 ➕

　한 아동의 과잉 행동으로 수업 진행이 어렵게 되는 경우에 훈련된 퍼실리테이터는 과잉 행동 아동의 문제를 해결하고, 동시에 다른 아동의 학습권을 보장해야 하는 두 개의 중요한 임무를 수행해야 한다. 아동이 아무 이유 없이 소리를 지르고 몸을 과하게 흔들어 댈까? 아동이 무얼 힘들어하고 불편해하는지 먼저 살피고, 관찰하면서 물어보아야 할 필요가 있다. 그렇게 행동하는 이유가 무엇인지, 불편한 곳이 있는지 확인해야 한다. 아동이 안심하고 입을 열어 말하도록 해야 한다. 수업에 참여하고 싶지 않다면 무엇을 하고 싶은지 솔직하게 말하도록 안심시킬 수 있어야 한다. 아동이 말하지 않더라도 손짓, 눈짓, 몸짓의 언어를 놓치지 않아야 않고 경청해야 한다. "우리 모두 네가 편안해질 때까지 기다릴 수 있으니 마음이 편해지면 함께 즐거운 학습 시간을 가지자"라고 말해야 한다. 아동이 이해할 수 있는 쉬운 언어와 따뜻한 태도로 그 아동이 충분히 생각하고 말할 기회를 주어야 한다. 사람이 중요하기에 목전의 수업 진도는 우선 내려놓을 수도 있다.

아동인권을 퍼실리테이션하는 과정과 경험 자체가 또 하나의 교육과 경험이 될 수 있다. 당면한 교실 내의 문제를 함께 풀지 못하면 결국 다음 수업시간도 보장받을 수 없기 때문이다. 이러한 기다림의 시간은 아동의 성장과 발달을 촉진하는 시간이 될 수 있다. 긍정적인 마음을 갖고 따뜻한 분위기를 만든 후, 구체적인 설명을 차근차근 해 줘야 한다. "우리가 함께 재미있고 유익한 시간을 만들고 배우기 위해서 모두의 의견을 말할 수 있단다. 그러니 모두의 의견을 들어볼 수 있게 한 사람씩 차례를 정해 말해보자. 그럼 모두 공평하게 참여할 수 있고 많은 것을 배울 수 있단다."

사례 3)

평소 장난기가 많은 쌍둥이 형제 2명이 있다. 강사의 말이나 수업은 무시하고 서로에게 꼬투리를 잡아 큰소리를 내며 시비를 거는 등의 행동을 하기 일쑤다. 서로에 대한 언사는 자연스럽게 강한 어투로 바뀌게 되고 점점 비난과 조롱으로 치닫게 된다. 이들의 행동은 조용히 수업에 참여하던 다른 남학생들의 흥미를 자극하여, 그들마저도 서로를 비하하는 단어로 놀리는 행동에 참여하게 된다. 수업 내용을 복습하는 단어장 쓰기 활동에서는 '똥', '바보', '돼지' 등과 같이 전혀 관계없는 말로 내용을 가득 채웠다. 수업 시간이 한정되어 있는 강사가 이들을 제어하기 위해서는 매번 2~3분의 시간이 소요된다.

한 걸음 더 들어가기

형제자매는 가장 가깝고 친밀한 관계다. 그러나 '형제자매의 질투'(Siblings' Jealousy)라는 단어가 암시해주듯 형제자매간의 불화, 질투, 경쟁심은 무섭다. 가정에서 부모의 사랑을 서로 독차지하려는 다툼이 가정 밖으로까지 나와 형제자매가 티격태격하는 모습은 어디서나 볼 수 있다. 아주 작고, 사소한 일을 놓고도 다투고 말싸움을 하며 서로 괴롭힌다. 아동기의 형제자매는 가정이라는 사적인 공간을 떠나 학교라는 공적인 공간에서는 어떻게 행동해야 하는지를 배워야 한다. 학교는 형제자매만의 공간이 아닌 다른 친구들과도 함께하는 공간이다. 가정에서의 행동들은 친구들을 불편하게 하거나 그들에게 부정적인 영향을 줄 수도 있기에 서로 예의를 지키고, 목소리를 낮추고, 말도 조심히 하는 것을 배워야 한다. 형제간에 말싸움하고 다투는 것은 자연스러운 일이다. 그러나 학습하는 교실에서는 자신들의 감정을 자제하고 다른 친구를 배려하는 예절을 배울 수 있도록 이끌어줘야 한다. 퍼실리테이터는 이런 학생들이 교실에서 좋은 경험을 통해 배우고 깨우칠 수 있도록 인도해야 한다.

생각 나누기

사례의 두 형제는 평소 장난기가 많다고 한다. 그건 그 형제의 특성이고 성향일 뿐 잘못이나 나쁜 건 아니다. 단지 수업하는 교실이기에 장난을 멈추어야 한다. 장난기가 많은 아동은 수업시간에는 자신들의 장난기와 무례함으로 인해 수업이 망쳐지지 않도록 학생으로서의 자세를 배우고 훈련해야 한다. 형제는 수업 내용을 복습하는 단어장 쓰기 활동에서 수업시간에 배운 내용과 전혀 다른 단어를 활동지에 적었다. '똥, 바보, 돼지'라는 단어로 형제끼리 서로 비하하고 놀리며 친구들의 관심을 끌고 그들의 흥미를 자극하는 행동을 하면서 수업시간을 방해했다. 이러한 상황에서 교실의 학습 정상화를 위해 퍼실리테이터가 대처할 수 있는 방안을 생각해보자.

생각 더하기 ➕

아동기를 거치고 있는 아동들에겐 다양한 특성이 있다. 미숙함, 의존성, 가소성 등이다. 모두 부정적인 느낌을 준다. 그러나 미국의 교육 철학자 존 듀이(1859~1952)는 아동의 미숙함, 의존성, 가소성 모두 결핍이나 결여를 뜻하지 않는다고 말한다. 그는 아동기의 미숙함이나 의존성, 가소성 등은 아동기의 인간에게 내재되어있는 '성장하는 힘'(Power to Grow), 즉 성장에 필요한 가능력, 잠재력을 지닌 시기라고 말한다.[44] 가능력은 아동이 성장할 수 있는 능력과 힘을 말하고 잠재력은 어떠한 것이 외적 자극에 의해 다른 것이 되어 효력과 세력을 발휘할 수 있음을 말한다. 아동기에 만나 교류하는 성인이 아동을 향해 어떤 마음과 기대를 가졌는지, 아동을 대하는 태도와 아동에게 반응하는 자극의 질과 강도가 어떠했는지가 아동의 성장하는 힘에 중요하게 영향을 미친다. 아동을 바라볼 때

---

44. Dewey, J. (2004). 민주주의와 교육 (김성숙 외, 역) [원저 Democracy and education, 1916]. 동서문화사.

텍스트(text)가 아닌 콘텍스트(context), 즉 아동이 처한 환경과 조건의 맥락에서 살펴야 한다. 아동의 생각이 미숙하다 할지라도 그들의 행동이나 생각을 존중해줘야 한다. 퍼실리테이터는 그들의 미숙한 판단으로 인해 타인에게 방해나 위험이 초래될 때는 아동을 보호하려는 넓은 이해와 관용의 마음으로 기다려주고 올바른 방향으로 안내해줄 수 있어야 한다. 그것이 퍼실리테이터에게 요구되는 역량이다.

긍정적 경험

온라인상에서 접할 수 있는 다양한 콘텐츠들이 있다. 자유롭게 댓글을 달 수 있도록 개방된 모든 공간, 예를 들면 뉴스 기사나 웹툰, 유튜브, 인스타그램, X 등에서는 매일 쏟아지는 콘텐츠와 그에 대한 불특정 다수의 반응을 쉽게 관찰할 수 있다. 그런데 한 콘텐츠에 대한 사람들의 반응은 업로드 초기에 정해진다고 한다. 예를 들면, 나는 긍정적으로 기사를 읽었다 해도 댓글의 분위기가 부정적이라면 자신의 생각을 쉽게 바꿀 수도 있다고 한다.

완전히 같을 수는 없지만 이러한 모습은 교육 현장에서도 찾아볼 수 있다. 퍼실리테이터가 진행하는 교육은 대부분 교육 참여자의 적극적인 참여로 진행되도록 설계되어 있으며 이로 인해 자신이 내향적 성향이라 하더라도 타인에게 나의 생각을 발표해야 하는 상황이 생기기 마련이다. 이때 교육 참여자에게 인권과 관련한 자신의 경험을 나누라고 요청한다면,

자연스럽게 처음 발표했던 사람의 내용과 비슷한 주제로 흘러가게 된다. 이렇게 생각하는 것이다. '저 친구의 이야기를 들으니까 생각난 건데, 나도 비슷한 경험이 있어.', '아, 저런 얘기를 해도 되는구나. 그럼 나는 이런 경험이 있어.' 이 같은 생각의 흐름으로 발표가 진행되는데 처음에 나온 발표자의 경험이 부정적이라면 뒤이어 나오게 될 다른 사람의 경험의 공유 또한 부정적인 방향으로 흘러갈 가능성이 크다.[45] 집을 나섰을 때, 그날따라 횡단보도 신호등이 내 걸음에 맞춰 초록불로 바뀌는 즐거운 기억보다는 지하철에서 내 자리를 새치기했던 사람에 대한 불쾌한 기억이 더 오래가게 마련이다. 어떻게 보면 이는 자연스러운 현상이라고 할 수 있다. 교육에서 침해를 당한 경험을 주로 다루면 교육 참여자들은 부지불식간에 '존중'보다는 '피해'에 초점을 맞추게 된다.

아동인권교육은 대상자들이 자신의 침해 상황을 인식하고 적절한 대처법을 찾아가도록 하는 것을 목표로 두지만, 타인을 자신과 동등하게 존중하는 태도를 함양하도록 하는 것 또한 목표 중 하나다. 지나치게 침해 상황에 초점을 맞추면 평소 일상생활에서 느꼈던 갈등과 문제를 모두 교육현장으로 가

---

45. 한 사람의 행동이나 감정이 다른 사람에게 전염되어 그들 또한 유사한 행동이나 감정을 보이게 되는 심리적 현상을 감정 전염(emotional contagion)이라고 한다.

져올 가능성이 크다. 아동인권교육은 그 특성상 일회성 교육이 많다. 충분히 관계를 맺지 못한 가운데 일상생활에서의 사소한 문제를 모두 아동인권침해와 연관된 사례로 풀게 된다면 아동인권과 침해에 대한 정확한 개념이 내재화되지 않은 대상자들 사이에 불필요한 갈등이 생겨날 수 있다. 가령, 이런 사례를 들 수 있다. 평소 산만하고 집중력을 오래 유지하지 못해 특강이나 활동 등을 규모 있게 진행할 때 방해가 되는 아동이 있었다. 아동인권교육은 2시간으로 한정되어 있었고 시간 내에 모두가 잘 참여할 수 있어야 했기에, 센터에서 가장 무서운 선생님이 강사로 와서 직접 앉을 자리를 정해주었다. 그러나 교육에 참여하는 아동들은 각자 앉고 싶은 자리가 있었다. 한 아동이 "선생님, 저는 눈이 안 좋아서 더 앞에 앉고 싶어요"라고 말하자 선생님은 "안 돼. 너 뒤에서도 잘 보이는 거 알아. 앞에서 장난치려고 그러지?"라고 단호하고 무서운 목소리로 딱 잘라 대답했다. 선생님은 교육이 조별 활동으로 진행되고 PPT의 글씨도 큰 편이기에 시력은 크게 문제되지 않을 것이라고 생각했다. 그렇게 수업을 진행하던 중, 아동의 참여권과 관련된 내용이 나왔다. 성인도 아동의 입장에서 생각해보고 아동의 의견을 존중해야 하며, 아동이 낸 의견을 수용할 수 없을 때에는 그에 대한 합당한 이유도 잘 설명해주어야 한다는 내용을 전달하고 있었다. 그러자 앞서 자리를 옮기고 싶다고 했던 학생이 손을 번쩍 들고 말했다. "선생님. 그럼 아까 제가 자리를 옮기고 싶다고 했을 때, 저한테 잘못하신 것 아니에요? 왜 안 되는지 제대로 설명도 안 해주셨고, 선생님 마음대로 제가 장난칠 거라고 생각한 것이잖아요. 전 진짜 눈이 안 보이는데요?" 여기서 퍼실리테이터는 이 아동의 특성도, 그 선생님의 평소 모습도 파악할 수 없는 상황이다. 그때 퍼실리테이터가 할 수 있는 최선의 선택은 다시 아동에게 질문하는 것이다. 아동에게 "네가 안경을 쓰지 않았기에(실제 해당 문제를 제기한 아동은 안경을 쓰지 않았다) 선생님은 자리 변경이 꼭 필요하지 않다고 생각했던 거야."라고 상황을 설명한다. 그렇다면 평소에 눈이 안 좋다는 부분에 대해 의견 제시를 지속적으로 했는지, 어떤 요인으로 인해 선생님이 자신의 요청을 긍정적으로 받아들이지 않았다고 생각했는지 다시 질문한다. 대부분의 아동들은 예상치 못한 질문을 받았을 때, 성인이 생각하는 것보다 더 진지하게 고민한다. 아동은 미숙한 면을 분명히 지니고 있지만 자신의 행동을 돌아보고 성찰할 수 있다. 그러한 반응은 즉각적으로 나타날 수도, 서서히 나타날 수도 있다. 그러나 확실한 것은 아동에게 선생님의 '그 행동'에 대한 시비를 가려주는 것보다 사람과 사람 간의 관계는 복잡하게 얽혀있어

다층적인 이해가 필요하다는 점을 짚어주어야 한다.

한 걸음 더 들어가기

　모방(mimic)은 아동기 특성 중 하나다. 아동은 엄마 말을 따라 하거나 언니, 오빠를 흉내 내며 말과 행동을 배운다. 자기 주관 혹은 자아가 형성되는 시기여서 아동들은 서로 모방하고 따라하며 배운다. 아동인권에 대한 각자의 경험을 말하는 활동에서 먼저 발표를 시작한 아동의 경험을 따라 비슷한 경험을 생각해 내어 말하는 것은 자연스러운 일이다. 이런 때 퍼실리테이터는 아동들의 다양한 경험이 서로 다르게 표현되므로 아동인권에 관한 다양한 경험을 서로 다르게 표현할 수 있도록 안내하는 역할을 한다. 부정적인 경험을 말한 친구들의 발표를 격려하여 강화해주면서 혹시 아동인권과 관련해서 기쁘고 신났던 경험을 한 친구들이 있는지를 묻는 등 조금 다른 경험을 한 친구들에게 기회를 준다. 그리고 서로 다른 경험을 한 친구들의 감정이나 느낌을 나누게 함으로써 아동인권교육이 일상생활과 어떻게 연관되어 있는지를 알게 한다. 또한 인권이 존중되었을 때와 그렇지 못했을 때의 느낌이나 결과가 얼마나 차이가 있는지를 파악할 수 있게 해 아동인권 이해를 깊어지게 이끈다.

생각 나누기

　아동 대상 아동인권교육훈련에서 매우 중요한 것 중 하나는 권리주체자와 의무이행자의 선순환 관계를 배워 실천하도록 이끄는 것이다. 그렇지 않으면 아동이 자기 권리만을 주장, 갈등 관계를 만들기 때문이다. 무엇보다 아동이 보호의 대상이면서 동시에 권리의 주체자임을 알도록 안내하는 것은 중요하다. 아동이 권리의 주체자로서 참여를 통한 권리 주장으로 자신의 권리가 존중, 보호, 실현되도록 한다. 동시에 아동이 자신의 권리가 존중됨을 바탕으로 의무이행자로서 타인의 권리를 존중하도록 선순환 관계를 유지하도록 이끄는 것이 퍼실리테이터의 역할이다. 아동인권교육이 진행된 센터의 사례처럼 아동인권을 몰랐던 한 아이는 배움을 통해 조금 전 센터의 선생님이 자기에게 한 말과 태도가 자기의 권리를 침해한 것이라고 인식하게 되었다. 큰 깨달음이다. 그러나 퍼실리테이터는 아동인권을 배우고 깨우친 아동만을 무조건 편들어줘서는 안 된다. 퍼실리테이터는 아동이나 센터 담당 선생의 말과 행동의 옳고 그름을 판결 내리는 재판관이 아니다. 아동의 입장과 교사의 입장을 함께 고려해야 한다. 퍼실리테이터로서 이런 상황에 놓여있다고 가정할 때, 아동과 교사 모두 권리주체자와 의무이행자의 상호존중을 경험할 수 있도록 하는 방법을 생각해보자.

생각 더하기 ➕

아동은 단순하고 민감하다. 호기심 많고 새로운 것을 빠르게 배운다. 학교와 아동복지시설에서 아동 대상 인권교육을 진행할 때 아동은 자신이 권리의 주체자임을 배운다. 의무이행자들이 아동의 권리를 존중하고 보호하여 아동의 권리가 실현되도록 해야 한다는 걸 배운다. 그러다보면 아동은 권리주체자로 자기 권리만을 주장할 수 있다. 그러나 아동은 늘 권리주체자의 자리에만 머물지 않는다. 자신의 권리가 존중되고 충족되었을 때, 아동은 상대방의 권리를 존중하는 의무이행자의 자리로 이동한다. 이것은 일종의 선순환 관계가 형성되는 과정이다. 그러나 의무이행자들이 아동의 특성은 물론 아동인권을 모르는 경우가 많다. 부모나 교사 등 사회 구성원들이 아동인권에 대해 무지하다. 이렇게 되면 아동인권이 온전히 존중, 보호, 실현되는 데 제한적일 수밖에 없다. 아동복지시설을 이용하는 아동이건, 시설에서 생활하는 아동이건, 그들의 권리는 존중되고 실현되어야 한다. 아동이 아동인권을 배우는 것은 매우 중요하지만 동시에 의무이행자인 교사, 부모, 시설 종사자들 모두 아동인권을 알고 그 권리가 실현되도록 자신들의 의무를 이행해야 한다.

위 사례의 경우 퍼실리테이터가 할 수 있는 지속 가능한 해결방안의 하나는 센터를 운영하는 센터장에게 종사자 교육이 필요함을 제언하는 것이다. 더하여 강사를 파견한 아동인권옹호기관에 현장 상황을 알려 아동 대상 인권교육과 종사자 대상 인권교육이 함께 이뤄지도록 제안한다.

괴물

    2023년 개봉한 일본 영화 '괴물'은 고레에다 히로카즈 감독의 특성답게 아동의 입체적인 모습을 잘 그렸다. 영화에서 계속 등장하는 '괴물은 누구인가?'라는 섬뜩한 노래를 듣는 관객들은 자연스럽게 괴물 찾기에 몰입하게 된다. 크게 3부로 나뉘는 이 영화는 새로운 장으로 들어갈 때마다 같은 화재 장면을 다른 앵글에서 비춘다. 1부에서 관객은 철저히 화면 밖에 있지만 엄마 사오리와 자신을 동일시하며 사오리의 외로움과 처절함 사이에서 함께 분노한다. 싱글맘으로 아들 미나토를 키우는 사오리에게는 아들이 아빠의 빈자리를 느끼지 않도록 노력해야 한다는 사명이 있다. 사오리는 이 세상 누구보다도 가족만이 서로를 가장 신뢰할 수 있다는 것을 온몸으로 보여주는 인물이다. 혼자서도 아들을 잘 키우고 있다고 생각할 때 쯤, 미나토는 전혀 믿을 수 없는 행동을 한다. 이해할 수 없는 '돼지 뇌'에 대해 묻기도 하고, 학교에 가져간 텀블러에선 흙과 작은 돌들이 쏟아지기도 한다. 그런가 하면 멀쩡한 머리를 이유도 없이 자른다. 그 이유를 알고 싶어하는 사오리에게 미나토는 대충 둘러댄다. 영화 속 문제의 시발은 이 지점에서 발생한다. '돼지 뇌'를 이식한 사람의 이야기를 꺼낸 사람도, 미나토의 귀에 상처를 낸 사람도, 우연히 동네에서 들은 '걸스바'(유흥업소)에 드나드는 교사도 모두 한 사람 호리 선생으로 귀결된다. 사오리는 사건의 전말을 알고 싶어 학교를 찾아가지만, 변명도 진정성도 없는 학교 측의 공허한 말에 절망한다.

  2부에서는 호리 선생의 시각에 따라 모든 이야기를 다시 살펴본다. 호리 선생은 애정을 가지고 아이들을 살피는 사람이었다. 우연히 화재가 난 '걸스바'가 있던 건물 앞에 결혼을 약속한 연인과 있는 모습을 본 학생들이 소문을 퍼트렸다. 소문은 와전된 것이었다. 이를 전혀 인지하지 못한 호리 선생은 변명할 수조차 없이 소문의 중심이 되어버렸다. 호리 선생은 담당하는 교실의 요리라는 작고 왜소한 학생이 계속 눈에 밟힌다. 얌전하고 손재주가 좋은 요리는 쉽게 다른 학생들과 어울리지 못하는 특성 때문에 괴롭힘을 당한다. 더군다나 요리의 아버지는 낮에도 술에 취해 있기 일쑤였고 전혀 자신의 아들을 돌보지 않는 듯한 모습을 보여준다. 호리 선생은 집단 괴롭힘에 가담하는 학생으로 미나토를 주시하고 있었다. 하루는 교실에서 난동을 피우는 미나토를 말리려다 그의 얼굴에 상처를 내기도 했다. 그런데 이러한 상황을 전혀 모르는 미나토의 어머니가 학교로 찾아왔다. 학교는 전후 상황을 파악하지 않으며 호리 선생에게 맹목적인 사과를 강요했다. 원치 않게 학교에 나가지 못하게 된 호리 선생은 아이들의 작문 숙제를 검사하다가 요리와 미나토의 우정을 알게 된다.

3부에서는 미나토의 입장에서 모든 이야기가 다시 전개된다. 3부까지 지켜 본 관객들은 영화에서 괴물의 실체를 찾다가 끝내 그만두고 만다. 영화에서 괴물은 없었고, 소름끼치는 반전도 없었으며, 아이들은 그냥 그 시기를 살고 있던 평범한 아이들이었기 때문이다. 엄마 사오리도, 선생인 호리도 아이들을 사랑했지만 그들을 깊이 들여다보지 못했다. 우리는 사실 요리였던 적도, 미나토였던 적도 있다. 버려진 전차를 다시 운행시킨 것도, 터널 저편의 어른에게는 보이지 않는 동산을 발견한 것도 모두 '나'였다.

"우리는 다시 태어난 걸까?" "아니, 그대로야."

모든 성인은 아동기를 거쳐야 한다. 성인이 되어보지 않은 아동은 있어도, 아동이었던 적이 없는 성인은 없다. 아동의 모든 기억의 조각들이 모여져 하나의 성인이 형성된다. 이것은 시간의 흐름일 뿐, 다시 태어나는 것이 아니다. 그러나 다시 태어나지 않는다 하더라도 어떤 성인이 될지는 아동 시절의 기억에 따라 달라질 수 있다. 즉, 아동의 기억이 중요하게 작용할 수 있다. 아동과 상호작용하는 성인은 사소한 말 한 마디부터 행동, 태도, 생각 등 모든 것들이 아동에게 영향을 미칠 수 있다는 사실을 반드시 기억해야 한다.

나는 이 영화를 보면서 각 사건의 잘잘못을 따지며 판단의 잣대를 휘두르기보다는 그 사건에 등장하는 인물에 온전히 집중하려 했다. 각 인물들의 입장에서 생각하다보면 사건 너머의 진실을 접할 수 있다. 영화 '괴물'에서 사건이 아니라 인물들에 집중하면 괴물이라 불릴만한 존재는 한 명도 없다는 진실을 발견할 수 있다. 이는 영화뿐 아니라 실생활에서도 그대로 적용된다. 우리가 살아가면서 마주하는 갈등과 오해들이 때론 서로를 괴물처럼 느끼게 만들지만, 사실 그 누구도 괴물이 될 근거나 이유는 없다. 고레에다 히로카즈 감독의 영화 '괴물'은 우리 모두가 지닌 어린 시절의 기억과 상처, 오해, 실수를 돌아보며 성찰하게 하는 작품이다. 우리 모두는 어떤 특정한 시절에 '괴물'이라 불릴 수 있었지만 그 시절을 온전히 지나온 성인이기도 하다. 결국 그 과정을 온전히 이해하고, 있는 그대로 받아들이는 것이 가장 중요하다.

한 걸음 더 들어가기

　사물이나 사람을 어떤 관점으로 보느냐에 따라 상황이 달라진다. 사람들은 '괴물'이라는 영화 제목을 보며 영화를 보는 내내 괴물의 등장을 기대한다. 괴물이 언제쯤 등장할지, 누가 괴물일지 찾고 또 찾는다. '호리 선생인가? 아니면 미나토인가? 아, 요리가 괴물이구나! 아닌 거 같은데? 보기만 해도 섬뜩한 교장 선생이 괴물 아닐까?' 우리는 사람들이 자기 생각과 조금만 다르거나 이해하기 힘든 행동을 하면 잘못된 관점을 갖고 그들을 함부로 판단하는 실수를 저지르는 경향이 있다.

생각 나누기

　영화 '괴물'을 보면서 사람들이 괴물로 추측했던 사람은 누구이며, 그의 어떤 행동을 보고 괴물이라고 추측했는지 생각해보자.

생각 더하기 ➕

사람들은 함부로 이웃을 판단한다. 특히 나이 어린 아동을 함부로 대하고 판단하며, 그들에게 조심성 없이 말을 내뱉는 경향이 있다. 어떤 아동관을 가졌는지에 따라 아동이 미숙하게 보이는 차원을 넘어 이해할 수도, 감당할 수도 없는 괴물로 보이기도 한다. 하지만 긍정적인 아동관을 지닌 사람은 아동이 어떤 행동을 하더라도, 심지어 괴물 같은 행동을 하더라도 그 아동 안에 숨겨진 '성장하는 힘'을 보고 느끼며 그들을 '기대할 만한 희망찬 존재'로 이해하며 바라봐야 한다. 아동을 긍정적으로 바라보는 관점(perspective)이 중요하다. 관점에 따라 아동을 바라보는 '아동관'이 결정된다.

태도

　누군가에게 사소할 수 있는 기억이 또 다른 누군가에게 큰 영향으로 다가올 수 있다. 2001년 개봉한 애니메이션 '짱구는 못말려-어른 제국의 역습'은 20세기를 놓지 못하는 어른 세대의 모습을 그리고 있다. 개인적으로 이 작품에서 가장 기억에 남는 장면은 아이가 된 짱구 아빠 신형만의 어릴 적 기억이다. 엑스포가 한창이던 과거 어느 날, 달에서 가져왔다는 돌을 꼭 직접 보고 싶었던 형만은 세 시간을 기다려야 한대도 상관없었다. 그러나 형만의 부모님은 '그깟 돌멩이'로 치부하며 세 시간을 기다려 돌멩이를 볼 수는 없다며 돌아선다. 극중에 등장하는 중요한 소재인 '옛날 냄새'는 그 사람의 어린 시절에서 가장 강력하게 남아있는 기억을 다시 보여준다. 그렇다면 현재를 잊을 만큼 그리워서 과거로 돌아가버린 형만의 기억은 왜 하필 '중요한 것'이 '하찮아지는' 장면으로 연출되었을까? 이미 성인이 되어 많은 가치의 변화가 생긴 상황이지만 그 상처가 여전히 또렷하게 남아있었기 때문이다.

이렇듯 누군가에게는 너무나 소중한 어떤 것이 다른 이들에게는 사소하고 크게 중요하지 않은 것으로 간과되는 상황은 아동기를 거쳐 간 많은 사람들이 겪어보았을 일이다. 그러나 여기서 말하고자 하는 바는 형만의 부모님이 무조건 세 시간을 기다려줬어야 했다는 것이 아니다. '왜 안 되는지'를 납득 가능하게 설명해 주어야 한다는 점을 강조하고 싶다. 나는 이 부분이 아동의 '참여권'과 맞닿아 있다고 생각한다. 참여권은 단순히 아동이 발표를 하고 자신의 생각을 드러내는 것이 아니다. 참여권은 아동과 성인이 함께 소통하는 것이다. 아동의 의견이 수용 가능하다고 생각될 때에는 기꺼이 수용하고, 수용 불가능하다고 판단될 때에는 그 이유를 분명하게 설명하고 이해시켜주어야 한다. 이때 퍼실리테이터의 역할을 하는 이가 중점을 둬야 할 사항은 '인정'의 문제다. 아동에게 모를 수도 있는 것, 틀릴 수도 있는 것, 다를 수도 있는 것을 인정할 수 있는 태도를 갖게 해주는 것이야말로 가장 중요하게 갖춰져야 할 역량이다.

초등학교 때 나는 학급 임원에 대한 욕심이 있었다. 3학년 때는 학급 부회장에 그쳤지만, 4학년 때는 회장으로 당선되었다. 당시 우리 학교는 남녀 회장 각각 1명, 남녀 부회장 각각 1명이 선출되어 총 4명이 학급 임원으로 활동하였다. 자랑스럽고 기쁜 기억으로 남아있다. 4학년 중에서도 우리 반은 유독 산만하고 시끄러운 교실로 정평이 나있었다. 그래서 과목 선생님들이 우리 반에 수업을 오시면 무섭게 지도하시곤 했다. 어느 날 도덕 시간이었다. 선생님은 회장이 나와서 지금부터 잡담을 하는 학생의 이름을 칠판에 적으라고 지시하셨다. 이러한 행위 자체가 인권친화적이라고 생각되지는 않지만 당시에는 누구도 이러한 지시에 문제를 느끼지 못했다. 나는 회장으로서 할 일이 생겼다는 사실에 마냥 들떠있었다. 회장의 역할을 드디어 해낼 시간이었다. 남자 회장과 함께 칠판 앞으로 나가 분필 한 자루씩을 쥐었다. 그런데 선생님은 나를 보더니 "넌 왜 나왔니?"라고 퉁명스럽게 물었다. 나는 당당하게 "회장 나오라고 하셔서요."라고 대답했다. 그러자 선생님의 대답은 날 황당하게 만들었다. "여자가 무슨 회장이야? 넌 들어가."라고 말하셨기 때문이다. 나는 자리로 돌아가며 '이게 말로만 듣던 남녀차별인가?'라고 생각했다. 사실 아직도 선생님의 발언이 완전히 이해되지는 않는다. 그리고 오랫동안 그것이 내가 어린 시절 유일하게 받았던 남녀차별이라고 생각하며 살아왔다. 그러나 지금으로서는 이 기억을 남녀갈등의 매개요인 중 하나로 삼고 싶지 않다. 오랜 시간이 지난 지금, 정말 선생님이 여자를 회장으로 인정할 수 없었던 것인지, 아니면 모든 학급에 남녀 각각 1명의 회장이 선출되었다는 사실을 몰랐던 것인지 알 수 있는 방법도 없다. 알고 싶은 마음도 없다. 다만 나는 선생님의 태도와 표현 방식에 더 초점을 맞추고 싶다.

내가 꿈꾸는 어른의 모습은 형만이에게 왜 세 시간을 마냥 기다릴 수는 없는지 이해가 되도록 설명해 줄 수 있는 어른이다. 또, 자신이 예상하지 못했던 상황에 엉뚱하게 등장한 한 여학생에게 유연하고 부드럽게 대처할 수 있는 어른이다. 최근 주변에서는 이런 말을 많이 듣는다. "나이만 먹었지 그대로야. 나도 똑같이 어린이야." 어느 정도 동의하는 바다. 완전한 성숙은 없다. 내 미래가 불완전해 보여 불안하기도 하고 나의 선택에 확신이 없기도 하다. 우리는 매일 반복되는 일상에 치이고 지쳐 삭막함 속에 겨우 숨을 내쉬더라도 문득 등장하는 사소한 친절과 배려에 힘입어 살아간다. 나는 이렇게 사소한 친절을, 사소한 배려를 아동과 함께 나누고 싶다. 그리고 나눠야 한다고 생각한다.

교육을 할 때면, 제한된 시간에 강사 한 명이 열 명에서 스무

명 정도 되는 아동들에게 모든 것을 다 설명해줄 수는 없다. 교육이 모든 아동들에게 좋은 경험이 되고 좋은 기억으로 남길 바라는 것도 욕심이다. 나는 이것을 알기 때문에 더 노력한다. 잘하고 있다고 자신할 수는 없지만 더 솔직하게 아동들에게 다가가려고 한다. 실수하면 사과할 수 있고 무엇보다 학생의 실수를 깊이 이해하는 선생님이 되고 싶다. 그렇게 아이들과 관계를 맺고 싶다. 이러한 과정에는 반드시 대화가 필요하다. 무엇이 잘못되었는지를 함께 나누고 솔직하게 풀어갈 때, 사소한 일이 상처로 남지 않게 된다. 진솔한 대화에는 모든 엉킨 것을 풀리게 하는 마법의 힘이 있다. 이 '대화의 힘'은 모든 관계에서 중요하지만 특히 퍼실리테이션에서는 결코 빠질 수 없는 능력이라고 할 수 있다.

한 걸음 더 들어가기

아동권리의 준거인 유엔아동권리협약은 아동의 기본권 4개와 기본권이 지켜지도록 하는 일반 원칙 4개를 포함한다. 기본권과 일반 원칙에 다 들어가 있는 것이 아동 참여권이다. 하트는 아동 참여권의 8단계를 설명한다.[46] 상징적인 도구로서 아동을 이용하는 1단계를 시작으로, 성인과 아동이 서로 소통하여 가장 최선의 결정을 함께 내리는 8단계를 진정한 참여권의 실현단계로 보았다.

생각 나누기

에세이에 나오는 2개의 에피소드가 흥미롭다. 짱구 아버지의 어린 시절에 있었던 일과, 교실에서 일어난 한 여학생 회장의 일을 다시 떠올려보자. 하트는 '참여사다리'에서 아동 참여권 8단계를 다음과 같이 설명하고 있다.

'상징적 도구'로서 아동을 이용, '장식'으로 아동을 동원, 명목상 참여, 성인이 기획하여 아동에게 사전에 할당과 통보, 성인이 아동과 협의하여 통보하기, 성인주도로 아동과 의사결정 공유하기, 아동이 모두 주도하고 감독하기, 아동 주도로 성인과 의사결정 공유하기.

---

46. Hart, R. (1997) Children's participation: The theory and practice of involving young citizens in community development and environmental care, UNICEF, New York

에세이 속 두 에피소드의 참여수준은 하트의 참여사다리 8단계 중 어느 단계에 속하는지 생각해보자.

생각 더하기 ➕

아동복지시설의 아동인권친화환경 조성을 위한 컨설팅 과정에서 접한 사례다. 시설 이용 아동들의 참여권 증진을 위해 자치회가 운영되었다. 시설 자치회에서 리더(회장)를 뽑았다. 강하고 독불장군식의 성향을 지닌 아동이었다. 회장의 회의 진행이 지나치게 일방적인 모습이어서 시설장이 개입하여 잘못된 부분을 지적하고 민주주의 참여식으로 운영하도록 시정해 주었다. 자치회 회장은 울면서 시설장에게 강하게 반발했다. 친구들과 후배들 앞에서 자신의 자존심을 망가트렸다는 것이다. 그 이후로 회장 아동은 시설장과 눈도 마주치지 않고 말도 하지 않았다고 했다. 시설장은 자치회의 긍정적인 운영을 위해 개입했다. 그러나 그 과정에서 회장 아동과의 갈등이 발생했다. 자치회의 운영방식 개선을 위해서는 운영회의 도중에 개입하기보다는 회장과 먼저 소통하고 스스로 개선해나갈 수 있도록 돕는 방법이 더 적절했을 것이다.

가능성

"그걸 애들이 어떻게 해?"

가장 싫어하는 말이면서도 무의식중에 제일 자주 하는 말이기도 하다. 강의에서 교육 참여자에 따라 적합한 난이도의 교육 자료를 준비하는 것은 기본 중의 기본이면서, 가장 어려운 일이다. 아주 쉽다고 생각했는데 어려워하는 경우가 있고, 어렵다고 생각했는데 쉬워하는 경우도 있기 때문이다. 아동인권수업은 그 대상이 아동이나 성인이나 관계없이 배우는 내용이 크게 달라지지 않는다. 아동인권교육의 목적은 인권 존중을 기반으로 하는 사고와 태도를 함양하고 증진하는 것이다. 이러한 사고와 태도를 함양하기 위해 반드시 알아야 하는 지식(팩트)을 얼마나 쉽게 교육하느냐가 관건이다. 이런 것들을 아동이건, 어른이건 각자의 일상에 얼마나 적용할 수 있는지를 파악해 각자의 시기와 상태에 따라 다르게 교육한다. 종사자의 경우는 아동과 계속 마주해야 하는 근무 환경 특성에 따라 종사자로서 갖추어야 할 역량과 태도가 있다. 그런 경우엔 종사자들의 근무 환경이나 권리 보호 등이 이슈가 될 수 있다. 그러나 미혼의 일반 직장인에겐 신문이나 방송 등 매체를 통해 마주하는 아동 관련 이슈 정도만이 관심사가 될 것이다. 아동인권교육의 주체라고 할 수 있는 아동이 교육을 통해 배운 각종 지식들을 일상에 적용하기 위해서는 학교나 학원에서의 생활을 기반으로 한 토의가 이루어져야 한다. 교육에 임하는 퍼실리테이터는 대상에 따라 이 정도의 차이만 줄 뿐, 그 바탕과 기초가 되는 이론적 기반은 동일하다.

그런데 퍼실리테이션 기법은 '가르치지 않는 것'이기 때문에 계속해서 교육 참여자로 하여금 깨달을 수 있도록 해야 한다. 깨닫기 위해서는 끊임없이 생각하고 고민해 자기 스스로가 답을 찾을 수 있도록 해야 한다. 효과적인 교육이 이뤄지기 위해선 '애들은 할 수 없을 것'이라는 잘못된 사고를 버려야 한다. 아동의 성장하는 힘을 믿어야 한다. 아동은 모두 생각할 수 있고 자신만의 세계관을 갖고 있다. 그것들의 표현 정도에 따라 성인이 인식하는 데에 차이가 존재한다.

여느 때처럼 수업을 하던 날이었다. 그날은 속담을 주제로 학생들에게 메시지를 전해주고 싶었다. 그래서 중국의 속담 '불파만 지파참'(不怕慢 只怕站·더딘 것을 두려워 말고, 멈추는 것을 두려워하라)을 소개해주었다. 나는 대학 시절에 알게 된 이 속담을 인생의 좌우명으로 삼겠다고 생각했다. 그만큼 중요한 내용이라 '어떻게 쉽게 학생들에게 전해줄 수 있을까'를 오랜 시간 고민했다. 결국 수업 흐름에 맡기기로 결정한 나는 별다른 예시 없이 속담을 소개하며 속담이 의미하는 바가 무엇인지, 어떤 생각이 들었는지 자유롭게 말해보라고 했다. 그러자 초등학교 2학년 학생이 손을 들고 이렇게 대답했다. "제가 생각하기에는 다른 친구들과 비교하지 말고, 포기하지 말라는 뜻 같아요. 왜냐하면 다른 친구들이랑 비교해 자기가 공부를 잘 못하거나, 나중에 커서 좋은 대학교에 못 들어가게 되면 슬퍼할 수 있는데, 그때 포기하는 것이 더 안 좋다는 말이라는 생각이 들었어요. 포기하지 않고 노력하다보면 언젠가 성공할 수 있잖아요." 그 답변을 들으며 쉬운 설명을 위해 고민한 나 자신이 부끄러웠다. 그날 이후로 나는 학생들의 답변에 놀라지 않기로 했다. 아이들은 충분히 그렇게 생각할 수 있는 존재들이며, 자신들의 생각을 자유롭게 펼치고 표현할 수 있는 능력이 있다는 것을 믿기로 했다.

또 다른 강의에서 나의 이 생각을 더 굳혀준 에피소드가 있었다. '상호존중'이라는 개념을 소개하기 위해 수업 자료로 활용할 여러 가지 동화를 검토했다. 평소에는 존 버닝햄의 '지각

대장 존'을 많이 사용했는데, 그날의 강의에서는 이솝우화로 잘 알려진 '여우와 두루미'를 활용했다. 이 우화의 내용과 결말에 대해선 관련 학자에 따라 의견이 분분하긴 하지만 일반적으로 갈등으로 시작해 갈등으로 끝나는 이야기라는 데 큰 이견은 없다. 나는 '여우와 두루미가 상호존중을 실천했다면 어떤 결말에 이를 수 있었을까'를 주제로 학생들과 풀어나가고자 했다. 강의를 하기 전 여러 사람의 피드백을 받았다. 한 사람이 "이 이야기는 갈등으로 종료되기 때문에 교수자가 직접 알려주어야만 학생들이 상호존중에 대한 교훈을 발견할 수 있을 것"이라고 피드백을 주었다. 좋은 피드백이었지만 나는 이미 학생들이 이야기 속에서 상호존중이라는 주제를 충분히 찾아낼 수 있는 힘이 있다고 생각했기에 교육 내용을 수정하지 않고 진행했다. 그리고 학생들과 상호존중에 대한 내용을 충분히 나눈 뒤 학생들에게 '여우와 두루미'를 각자의 생각과 관점에 따라 다시 써달라고 요청했다. 열 개가 넘는 새로운 이야기가 나왔다. 이 가운데 가장 기억에 남은 한 가지 이야기를 간략하게 소개한다.

여우와 두루미가 사는 마을에 한 꼬마가 이사를 왔다. 이 꼬마는 주변 모든 동물들을 초대해 파티를 열었지만 여우와 두루미만 오지 않았다. 오지 않은 이유가 궁금했던 꼬마는 다른 동물들에게 이유를 물었다. 그러자 여우와 두루미가 서로를 배려하지 않아 사이가 나빠졌기 때문이라는 답이 돌아왔다. 그것을 들은 꼬마는 화가 났다. '왜 같은 동물인데 각자의 다른 점을 배려하지 않았을까? 내가 그 둘을 초대해 화해를 시켜야겠다!'라고 생각한 꼬마는 둘을 초대하려고 했다. 하지만 둘은 서로 만나려 하지 않았다. 꼬마는 생각했다. '내가 여우에게 먼저 찾아가야겠다.' 꼬마는 여우를 만나 어떤 일이 있었는지를 물었다. 여우는 집으로 찾아온 꼬마에게 아주 납작한 접시에 담긴 스프를 대접했다. 그러자 꼬마는 여우에게 물었다. "여우야, 너는 두루미에게도 이런 접시에 스프를 담아 주었니?" 여우가 답했다. "두루미한테는 미안하지만 우리 집에는 납작한 접시밖에 없었어." 꼬마는 그 이야기를 듣고 두루미에게 갔다. 두루미에겐 입구가 길쭉한 호리병밖에 없었다. 그래서 꼬마는 자신의 집에 각자 그릇을 가져와 함께 밥을 먹자고 제안했다. 그렇게 셋은 맛있는 음식을 각자의 그릇에 나누며 행복하게 지낼 수 있었다.

이 이야기가 완성되기까지 내가 퍼실리테이터로서 한 일은 상호존중이라는 개념을 소개하고 이야기를 쓸 수 있는 환경과 시간을 충분히 제공한 것 밖에 없다.

아동은 성인이 생각하는 것보다 더 많은 가능성을 지니고 있다. 또한 자신의 생각을 형성하고 이해하는 능력도 갖고 있다. 그리고 그 가능성은 꼭 성인이 되어야만 발현되는 것이 아니라, 지금도 이미 충분히 발현되고 있을 수 있다. 퍼실리테이터를 포함한 성인에게 중요한 것은 그 가능성을 제한하지 않고, 아동이 자유롭게 표현하고 경험할 수 있도록 돕는 것이다. 아동인권교육에서 퍼실리테이터는 단순히 지식만을 전달하지 않는다. 그들은 교육 참여자가 스스로 답을 찾을 수 있는 환경을 제공하고, 그 과정에서 학생들이 자신감을 갖고 성장할 수 있도록 돕는 역할을 한다. 앞서 말한 교육 경험을 통해 학생들에게 생각을 자유롭게 펼칠 수 있는 기회를 제공하는 것만으로도 그들이 얼마나 놀라운 통찰을 할 수 있는지를 알게 되었다. 결국, '그걸 애들이 어떻게 해?'라는 말은 그들의 잠재력을 간과하는 것에 불과하다. 그들이 답을 발견하고 찾아가는 과정은 같은 인간으로서, 때로는 그 이상으로 중요하고도 가치 있는 일이 될 것이다.

한 걸음 더 들어가기

퍼실리테이션 기법은 '가르치지 않는 것'이다. 지적하지도, 훈계하지도 않는다. 다만 관찰하며 생각하고 토의를 통해 자기 생각을 말하고 다른 사람의 생각을 경청한다. 답이나 해결방안을 향해 함께 나간다. 퍼실리테이터는 토론의 장을 마련해 주고 정확한 지식과 정보를 전달한다. 전달된 지식과 정보가 내면화될 수 있도록 연결고리를 제시한다. 만일 상호존중에 대한 정보를 주었다면 퍼실리테이터는 '여우와 두루미'라는 연결고리만 제시한 뒤 그들의 생각을 기다리면 된다. 아동은 아무리 어리다 해도 그들만의 생각이 있고 해결방법을 찾을 궁리를 할 줄 안다. 믿고 기다려주면 된다. 중국 속담 풀이와 '여우와 두루미' 이야기 다시 쓰기 과정을 통해 퍼실리테이터는 아동들의 숨겨진 잠재력과 매 순간 변화를 만들어가는 진화와 발달 능력을 확인하게 된다.

생각 나누기

아동인권교육훈련에서 퍼실리테이터의 자질과 역량 중 하나는 아동인권에 대한 지식과 정보가 내면화될 수 있도록 연결고리를 찾는 것이다. 에세이에서는 두 가지 연결고리를 찾아서 활용했다. 중국 속담과 이솝 우화다. 당신은 어떤 지식과 정보, 콘텐츠를 연결해 쉽고 재미있고 유익한 활동을 할 수 있을지 생각해보자.

생각 더하기 +

　마리아 몬테소리(1870~1952)는 "아이들은 내면에 자신의 발달을 이끌 수 있는 집중력을 갖추고 있다"는 것을 발견했다.[47] 이 발견은 몬테소리에게 '혁명적인 인식의 전환점'이 된다. 몬테소리 교육에서 어른의 가장 중요한 역할은 관찰하며 적절한 환경을 마련해주는 것이다. 아이들의 자유의지를 믿으며 그들에게 도움을 주기 위한 적절한 시기를 아는 것이 중요하다. 무엇보다 과학자의 자세로 아동을 관찰하고, 관찰을 토대로 아동의 발달 단계를 이해하고, 아동이 스스로 설 수 있는 적절한 환경을 마련해 주어 아동이 삶의 주인이 되도록 도와줘야 한다.

---

47. 정이비. (2014). 마리아 몬테소리 관찰의 즐거움: 스스로를 창조하는 아이들을 만나는 시간. 한울림.

기다림

　한 초등학생과 일대일로 수학 공부를 했던 교육봉사 경험이 있다. 몽골에서 유년 시절을 보낸 학생 1은 한국어를 어느 정도 알아듣긴 했지만 원활하게 소통되지는 않았다. 어느 날, 빈칸에 들어갈 알맞은 수를 찾는 문제를 놓고 공부했다. 제시된 숫자를 보고 그 규칙을 추리하는 능력이 필요했다. 한국어를 잘 몰라도 숫자를 셀 수 있다면 충분히 풀 수 있는 문제였다. 그런데 그 학생은 평소 별다른 반응이 없는 학생이었다. 대답도 잘하지 못했고, 숫자를 셀 수는 있었지만 문제에 적용하지는 못했다. 나는 언어 소통의 문제인지 사고 능력의 문제인지조차 알 수 없었다. 시간이 한정되어 있던 상황에서 결국 답을 알려주고 쓰도록 해야 했다. 이러한 상황이 반복된다면 이 아동이 학교 현장에서 마주해야 할 수많은 어려움을 어떻게 해결할 수 있을지 걱정이 되기 시작했다.

　또 다른 학생과 일대일로 수업을 진행하는 날이었다. 이때 함께 수업한 학생 2도 내 질문에 제대로 대답하지 않고 계속 손만 쳐다보고 있었다. 공부를 하고 싶지 않은 것인지 아니면 다른 문제가 있는지 계속해서 질문해도 대답하지 않았다.

  우선 시간을 두고 학생을 계속 기다렸다. 그러나 기다린다고 해서 바뀌는 것은 없었다. 그래서 학생과의 대화에 변화를 주었다. 쉬지 않고 질문했다. 그 학생과 소통하고, 함께 공부하고 싶다는 의지를 계속해서 내비쳤다. 10분 정도 일방적인 질문이 던져졌을 때, 학생 2는 드디어 반응했다. 사실 학생 2는 다른 문제가 있다기보다는 그냥 공부하기 싫은 것이었다. 나는 대화를 통해 그냥 시간을 보내는 것만이 능사가 아니라는 것을 알도록 했다. 내 말에 동의했는지 학생 2는 아무 반응을 하지 않던 태도를 바꾸고 서둘러 문제를 풀기 시작했다.

  아동과 함께 시간을 보내다보면 늘 인내심을 갖고 그들을 대하기란 쉽지 않다. 순간순간 버럭 화를 내고 싶을 때도 있고, 모두 그만두고 알아서 하라고 놔두고 싶을 때도 있다. 나는 그럴수록 차분한 마음을 유지하고 진정성 있는 대화를 해야 한다고 생각했다. 무반응에도 포기하지 않고 질문할 수 있었던 것은 질문을 통해 학생이 자신의 행동을 되돌아보고 자신의 감정과 마주하길 바랐기 때문이다. 단순히 공부가 하기 싫을 수 있지만 구체적으로 어떤 점에서 어렵다고 느끼는지, 자신이 왜 하고 싶지 않은지를 생각해보도록 하였다. 그러면서 선생님이 자신에게 관심을 가지고 있으며 문제를 이해하고 해결하려 노력한다는 것에 대해 깨닫기를 바랐다. 상대적으로 느린 학습자는 학교에서 생활하면서 자신이 또래에 비해 늦춰지고 있다는 것을 인지하고 있다. 그것을 알고 자존감이 낮아진 후에 열심히 노력하는 학생도 있지만, 오히려 스스로에 대한 기대감을 버리고 포기하는 학생도 있다. 포기하게 되면 여러모로 시간을 허비하게 되고 학습에 흥미를 잃게 된다. 일방적으로 지식을 전달하는 방식으론 학생이 수업을 경청하지 않거나 스스로 포기하게 되는데, 그러면 교육은 절대 이루어질 수 없다. 이럴 때 퍼실리테이션은 진가를 발휘한다. 퍼실리테이션 교육에서는 선생이 학생을 존중하고 이해하고 있다는 것을 표현함으로써 학생의 마음을 열 수 있도록 한다. 무조건적으로 기다리고 존중해줘야 한다는 말이 아니다. 잘못된 것은 고칠 수 있도록 지도하고, 부족한 부분은 품어주는 것이 가장 중요하다.

한 걸음 더 들어가기

　아동이 학습할 의지가 전혀 없음에도 아동에게 할당된 과제를 이행하도록 다양한 접근을 시도해야 한다. 각 아동에 따라 다양한 학습 방법과 접근 방식이 필요하다.

생각 나누기

　소통이 되지 않는 아동과 대화할 수 있는 방법으로는 무엇이 있을지 생각해보자.

생각 더하기

　이 세상의 모든 아동은 어떤 환경, 어떤 상황에서도 인간의 존엄성을 지니고 태어난 소중한 존재다. 교육 과정에서 학생의 반응이 전혀 없더라도 포기하지 않고, 그들의 입장에 서서 이해하고 소통의 문을 열기 위해 다가갔다. 아동의 마음 문이 열리자 과제수행을 할 수 있었다. 이 세상에 구제불능인 아동은 한 명도 없다!

초점 맞추기

유독 또래 친구들과 잘 어울리지 못하는 학생이 있다. 최근에는 경계선지능장애와 ADHD(주의력결핍 과다행동장애)를 진단받은 아동들이 증가하고 있다. 이들의 특성은 사회성이 결여되고 집중력이 떨어진다는 것이다. 학교나 시설에서 지도하는 선생님들은 이러한 특성을 이해하며 해당 학생과 소통하지만, 또래 친구들은 그 특성을 감안하면서 대하지 않는다. 그래서 여러 문제들이 발생한다. 결국 이런 특성을 가진 아동들은 스스로 자신의 한계를 인식하고 교정하는 노력을 기해야 한다. 주변에서도 그렇게 되도록 도와야 한다. 멀리 볼 때, 이런 특성을 지닌 학생들도 사회의 구성원이 되어 다른 타인과 끊임없이 관계를 형성하고 살아가야 하기 때문이다. 따라서 이들을 지도하는 교사나 종사자들은 이들이 또래 사이에서 어떤 부분에 특히 문제를 겪고 있는지 더 잘 파악해야 한다.

빙고게임을 진행하던 날이었다. 한 학생은 평소 빙고게임을 할 때는 참여하지 않았다. 그런데 웬일인지 그날은 그 학생도 게임에 참여하겠다며 빙고게임 활동지를 받아갔다. 빙고를 채울 시간이 충분히 제공된 뒤 게임이 시작됐다. 그 학생이 아직 다 채우지 않았지만 너무 많은 시간이 지체되었고, 자신의 차례가 오기 전에 모두 채울 수 있을 것이라고 판단하여 일단 활동을 시작했다. 그런데 차례가 몇 바퀴 지나자 그 학생 옆자리에 앉았던 다른 학생이 손을 들고 말했다. "선생님, 얘 반칙 썼어요. 얘가 한 빙고는 모두 무효 처리해주세요." 보아하니 게임이 시작된 후 빈칸에 다른 친구들이 말한 단어를 유리하게 채워 넣었다. 그래서 나는 그 학생에게 물어보았다. "이 친구의 말이 맞니?" 그러자 그 학생은 아무런 대답을 하지 않았다. "정말 네가 반칙을 썼어?"라고 한 차례 다시 묻자 아니라고 답했다. 그러나 거짓말이었다. 나는 그 학생이 다 채우지 않은 상태로 게임을 시작한 것을 알고 있었고, 그 학생의 행동을 지적한 학생 외에도 다른 학생들이 그가 반칙하는 모습을 보았다. 그래서 그 학생이 만든 빙고 중 한 개를 무효로 처리하고 다시 게임을 재개하기로 했다. 그 학생은 반칙을 쓴 것은 아니지만 한 줄만 무효 처리하는 것에 대해서는 받아들이겠다고 했다. 모든 빙고를 무효로 처리해야 한다고 지적한 학생들도 있었지만 대부분은 우선 넘어가는 데에 동의했다.

수업이 끝난 후 그 학생과 다시 이야기를 나눴다. "선생님은 네가 반칙을 한 것을 보았어. 다른 친구들이랑 함께할 때 걔들이 반칙을 써서 너를 이기면 기분이 나빠지겠지? 마찬가지로 네가 이렇게 반칙하면 친구들이 기분 나쁠 거야. 그렇지? 게임은 즐거우려고 하는 거지만 엄연히 규칙이 있어. 지나친 승부욕으로 규칙을 어겨가면서까지 하면 안 돼." 그러자 그 친구는 "그치만 전 1등을 하고 싶어요."라고 말했다.

또 다른 놀이 시간이었다. 8명이 한 그룹이 되어 두 그룹이 대항전으로 진행하는 단체 놀이 게임이었다. 이때 게임은 모든 사람이 쪽지를 뽑아 들어 같은 제시어를 가진 일곱 사람과 다른 제시어를 가진 한 사람을 구분해야 한다는 규칙으로 진행되었다. 그런데 한 학생이 다른 학생의 쪽지를 몰래 보고는 큰 소리로 제시어를 말했다. 결국 그 회차는 무효가 되었고 다시 게임을 준비해 진행해야 했다. 문제는 그날 배운 학습 내용 안에서 그룹 구성원이 함께 제시어를 정했고, 쪽지를 만드는 것도 수업의 일부였기 때문에 시간이 오래 걸린다는 것이었다. 다시 시간을 내어 새로운 제시어로 쪽지를 만들어 시작한 게임에서 앞전의 그 학생은 또다시 다른 학생들의 쪽지를 뒤에서 보았다. 그리고 똑같이 큰소리로 다른 제시어를 가진 술래가 누구인지 말했다. 나는 정말 화가 났다. 한 번의 게임을 하기 위해 수업 구성원 모두가 토의해서 만든 쪽지가 한 순간에 물거품이 되어버렸다. 그래서 나는 그 학생에게 물어보았다. "너! 왜 게임을 방해하는 거니? 지금 네가 한 행동이 게임을 방해한다는 것을 알고 있니?" 그러자 그 학생은 성의 없게 "죄송합니다."라고 답하고는 딴청을 피웠다. 그래서 나는 다시 말했다. "선생님한테 왜 그랬는지 설명을 해 봐. 내가 정말 이해가 안 가서 그러는데, 혹시 다른 친구들의 관심을 받고 싶었어? 아니면 게임을 방해하면서 다른 친구들이랑 친해지고 싶었던 거야?" 내가 약간 화가 난 듯한 어투로 말하자 그 학생은 한참을 책상만 바라보더니 이윽고 "실수로 그랬어요. 다시는 안 그럴게요."라고 대답했다.

이 글에서 다룬 두 가지의 사례는 단순히 놀이 활동의 규칙 위반이나 활동 중 발생한 갈등으로만 볼 수도 있다. 그러나 이러한 활동에서의 갈등과 해결 과정은 결국 사회적으로 상호작용해야 하는 아동들이 향후 여러 갈등 상황에서 어떻게 행동하고 대처해야 하는지까지 이어질 수 있다. 특히 상당히 늘어나고 있는 경계선 지능장애와 ADHD를 가진 학생들이 또래와의 관계에서 겪는 어려움은 단순히 규칙을 지키는 문제를 넘어 다른 학생과 관계를 형성하고 적응해나가는 데에도 이어질 수 있기 때문에 중요하게 바라볼 필요가 있다. 첫 번째 놀이 활동에서 나는 학생에게 좀 더 유연하게 대하려고 노력했다. 규칙을 어겼을 때 즉각적인 처벌이나 지적을 하기 보다는 학생의 속마음을 이해하고자 했다. 그러나 두 번째 놀이 활동에서는 감정적인 모습을 비쳤고 학생을 나무라는 모습을 보였다. 그 차이를 통해 나의 태도가 학생들에게 미치는 영향에 대해서 충분히 고민하지 못했다는 점을 느꼈다. 물론 규칙을 지키지 않는 행동을 지도하고 교정하는 것은 중요하지만, 그 과정에서 학생들을 어떻게 변화시키고 적응시킬 수 있을지에 대한 고민과 이해가 부족했다. 나는 학생들과 놀이 활동을 진행하며 그 속에 들어가 발생하는 문제를 직접 경험했다. 이러한 시간을 통해 학생들과의 관계에서 일관성과 공정함을 유지하는 것이 얼마나 중요한지를 알게 되었다. 그러나 동시에 학생이 규칙을 어겼을 때 감정적으로 반응하기보다 그 뒤에 숨겨진 감정과 욕구를 빠르게 파악하는 노력이 필요했다. 규칙을 강조하면서도 학생들의 생각과 욕구를 파악해 이해하고 그 마음을 존중하려는 태도를 가져야 한다. 그리고 문제가 된 학생에게는 그 행동이 다른 친구들에게 미치는 영향을 명확하게 설명하면서도 다시 기회를 줄 수 있는 방식으로 접근해야 한다. 문제 상황에 놓인 퍼실리테이터가 어떻게 피드백하고 상황을 이끌어 가는가는 철저히 그의 역량에 달려있다. 최대한 감정적 반응을 자제하며 적절한 공감을 할 수 있어야 한다. 놀이와 학습은 밀접하게 연계되어 있다. 퍼실리테이터는 문제를 지닌 학생들이나 일반 학생들이 더불어 긍정적인 수업 경험을 할 수 있도록 도울 마음의 준비를 늘 해야 한다.

한 걸음 더 들어가기

유엔아동권리협약 28조[48]와 29조[49]는 교육과 교육의 목적에

---

48. 제 28조(교육)
① 당사국은 아동의 교육 받을 권리를 인정하며 기회균등에 근거하여 이 권리를 점진적으로 달성하기 위해 특별히 다음의 조치를 취해야 한다.
1. 초등교육은 모든 사람에게 의무적이고 무상으로 제공되어야 한다.
2. 일반 및 직업교육을 비롯한 여러 형태의 중등교육 발전을 장려하고 모든 아동이 중등교육을 받을 수 있도록 하며 무상교육 도입 및 필요 시 재정적 지원 제공 등 적절한 조치를 취해야 한다.
3. 모든 사람에게 능력에 따라 고등교육 기회가 개방되도록 모든 적절한 조치를 취해야 한다.
4. 모든 아동이 교육 및 직업에 관한 정보와 지침을 이용하고 접근할 수 있도록 조치를 취해야 한다.
5. 학교 출석률 및 중퇴율 감소를 장려하기 위한 조치를 취해야 한다.

49. 제 29조(교육의 목적)
① 당사국은 아동 교육이 다음 각 호의 목표를 지향해야 한다는 것에 동의한다.
1. 아동의 인격, 재능 그리고 정신적·신체적 능력의 잠재력을 최대한 계발
2. 인권과 기본적 자유, 유엔헌장에 규정된 원칙에 대한 존중 의식 계발
3. 아동의 부모와 아동 자신의 문화적 정체성, 언어 및 가치, 현 거주국과 출신국의 국가적 가치 및 서로

대해 명시하면서 아동의 교육받을 권리를 말한다. 협약 31조 [50]는 아동의 휴식, 놀이 및 여가를 즐길 권리를 보장한다. 한국 부모들은 공부, 학습할 권리에 대해서는 잘 알지만 놀 권리, 휴식할 권리, 여가를 즐길 권리에 대하여는 크게 중요성을 느끼지 않는 듯하다. 협약에서 말하는 아동의 4대 기본권 중 하나인 발달권은 학습과 놀이의 균형이 이루어져야 온전히 보호, 존중, 실현될 수 있다. 학습도 너무 지나치면 안 되듯이 놀이에서도 규칙을 지키지 않으면서까지 지나친 승부욕이 발휘되어서는 안 된다. 퍼실리테이터는 발달권이 제대로 증진되지 못하는 부분을 고려해 학습과 놀이 모두에서 아동 최상의 이익이 발현될 수 있도록 주의를 기울여야 한다.

다른 문명의 차이에 대한 존중 의식 계발
4. 아동이 인종적·민족적·종교적 집단 및 선주민 등 모든 사람과의 관계에 있어서 이해, 평화, 관용, 성(性) 평등 및 우정의 정신에 입각해 자유사회에서 책임 있는 삶을 영위하도록 하는 준비
5. 자연환경에 대한 존중 의식 계발
50. 제 31조(휴식·놀이 및 여가)
① 당사국은 아동이 휴식과 여가를 즐기고 연령에 적합한 놀이와 레크리에이션 활동에 참여하며, 문화생활과 예술활동에 자유롭게 참여할 수 있는 권리를 인정한다.
② 당사국은 문화 예술 활동에 충분히 참여할 수 있는 아동의 권리를 존중하고 증진하며 문화, 예술, 레크리에이션 및 여가 활동을 위해 적절하고 균등한 기회 제공을 촉진해야 한다.

생각 나누기

아동의 놀이나 게임은 아동에게 재미와 즐거움, 유익을 줄 수 있어야 한다. 에세이에 소개된 두 개의 사례에서 아동의 발달권에 유익하지 못한 부분은 어떤 것인지, 왜 유익함을 줄 수 없는지 생각해보자.

생각 더하기

에세이에서 퍼실리테이터는 아동이 놀이 중 규칙을 지키지 않거나 놀이 프로그램을 여러 차례 방해했을 때 취한 자신의 태도에 대해 자성하고 있다. 게임을 진행할 때 일관성과 공정함을 유지하는 것은 기본이다. 아동인권교육훈련을 진행하거나 놀이나 게임을 함께 할 때 퍼실리테이터의 태도는 매우 중요하다. 지적하거나 교훈하는 태도가 아닌 솔직함, 유연함, 배려하는 자세, 열린 마음으로 포용하기, 권위 아닌 겸손한 태도는 퍼실리테이터가 교육이나 게임 혹은 놀이를 퍼실리테이션 할 때 지녀야 할 자세와 태도다.

신뢰

아동의 발언을 무조건 신뢰할 수 있을까? 아마 아동이 한 말을 100% 신뢰할 수 있는 사람은 거의 없을 것이다. 나조차도 처음으로 거짓말을 한 것은 아주 어렸을 때였다. 우리 모두 '아동이 거짓말을 한다는 것'에는 동의하리라 생각한다. 법원은 16세 미만 아동의 경우 증인으로서의 선서를 생략한다. 아동의 특성상 정확하지 않은 진술을 할 수 있고, 자신의 말에 대한 신빙성을 가지지 못할 수 있다는 점을 감안해 그런 조치를 취하는 것이다. 즉 아동의 인지, 사고, 신체, 정신적 능력은 발달 중에 있기 때문에 정확한 진술이 어렵고 언어적 오류도 발생할 수도 있다고 판단한다. 그렇다면 아동의 발언을 신뢰하지 말아야 할까? 그것도 아니다.

드라마 '이토록 친밀한 배신자'에는 미성년자인 주인공 '하빈'이 등장한다. 드라마는 하빈이 경찰인 아빠로부터 살인했다는 의혹을 받으며 두 사람이 쫓고 쫓기는 전개로 진행된다. 사건에 나오는 여러 증거들이 범인을 하빈으로 지목하자 두 사람은 대립한다. 이때 하빈은 아빠에게 이렇게 말한다. "아빠는 보이는 걸 믿는 게 아니라 믿고 싶은 대로 보는 거야. 한 번이라도 내게 물어봤어? '어떻게 된 일인지, 왜 그랬는지' 물어본 적 있냐고?" 법률적으로 따졌을 때 경찰과 용의자는 사적으로 소통할 수 없다. 그러한 현실적인 문제는 차치하고 '부모와 자녀의 소통'으로 관점을 바꾸어 생각해보자. 자녀가 거짓말 했을 것이라는 정황이 확실한 상황에서 과연 부모는 차분하게 자녀에게 질문할 수 있을까? 그러나 화가 나더라도 일단 질문하고 소통해야 한다. 자녀의 시각에서 문제를 다시 볼 수 있어야 한다. 자녀의 상황이 충분히 이해된 후에 다시 성인의 관점에서 문제를 바라보면 전에 보이지 않던 것들이 새롭게 보일 수 있다.

영화 '추락의 해부'에서는 소설가 '산드라'가 남편의 살인 사건 용의자로 지목돼 재판 받는 장면이 그려진다. 그 과정에서 아들 '다니엘'의 역할이 아주 크게 작용하는데 그는 엄마를 위해 위증을 한다. 그 위증은 쉽게 들통나지만 법원에서는 계속해서 다니엘이 증언할 수 있는 기회를 부여한다. 대신 다니엘이 엄마와 가까이 있지 못하도록 법원 감시관과 함께 생활하도록 한다. 산드라는 다니엘과 마지막으로 대화할 수 있는 시간에 이렇게 말한다. "엄마를 위해서 말하지 않아도 괜찮아. 네가 생각나는 것을 말해." 자신에게 불리해질 수 있어도 엄마는 최선을 다해 다니엘의 안부를 생각하고 고려한다.

다시 '아동의 말을 얼마나 신뢰할 수 있을까'에 대한 고민으로 돌아가 보자. 결론적으로 나는 아동의 말을 100% 신뢰할 수 있다고 생각하지 않는다. 영화나 드라마에서는 아동기 특성에 따른 점을 감안하며 아동의 진술과 발언 등을 다루지만 아동의 발언을 신뢰하지 못하는 근본 이유는 아동이라서가 아니다. 아동이라서 신뢰하지 못하는 것이 아니라 사람이라서 신뢰하지 못한다. 성인이 되었다고 해서 늘 진실하고 떳떳한 언행을 하지는 못한다. 그것이 우리가 사람을 신뢰하지 못하는 이유다. 아동과 관련해 우리는 무조건 아동의 말을 믿지 않는 것이 아니라 인간으로서, 특히 아동기 특성상 일정 부분에서는 신뢰할 수 없다는 점을 인지하고 있어야 한다. 역으로 그렇기 때문에 아동에게 더 많은 발언권의 기회를 부여해야 한다. 아동의 말을 들어야 하는 상황에서는 그 생각과 관점을 이해할 수 있도록 충분히 들어보고, 그 이후에 판단해야 한다.

퍼실리테이터는 교육 현장에서 수많은 배경과 상황의 아동을 만나게 된다. 교육 상황에서는 단순히 교육 참여자 간의 갈등을 다루어야 할 때도 있지만 학대나 침해 정황을 알아봐야 할 때도 있다. 그러한 상황에서 퍼실리테이터는 판단하기 전에 '들어야' 한다. 아동의 이야기를 충분히 듣고, 상황을 이해한 뒤 피드백을 하거나 후속 조치를 취해야 한다. 그런 태도와 실행 능력은 퍼실리테이터로서 기본적으로 갖추어야 할 역량이다.

한 걸음 더 들어가기

유엔아동권리협약 제1조는 태어나서 만 18세가 되기 전의 모든 사람을 아동이라 정의한다. 협약 제12조는 아동기를 살고 있는 모든 아동에겐 의견 표현의 권리가 있으며 표현된 의견에 비중을 둬야 함을 명시하고 있다. 단 아동의 연령과 성숙도를 고려해야 한다고도 명시한다.

제12조 (아동의 견해 존중)
① 당사국은 자신의 견해를 형성할 능력이 있는 아동에 대하여 본인에게 영

향을 미치는 모든 문제에 있어서 자신의 견해를 자유롭게 표현할 권리를 보장하며, 아동의 견해에는 아동의 연령과 성숙도에 따른 정당한 비중이 부여되어야 한다.

② 이러한 목적을 위하여 아동에게는 자신에게 영향을 미치는 어떠한 사법적·행정적 절차에서도 직접 또는 대리인이나 적절한 기관을 통하여 진술할 기회가 국내법적 절차에 합치되는 방법으로 제공되어야 한다.

생각 나누기 ÷

에세이에 소개된 두 개의 사례에는 두 명의 미성년자 '하빈'과 '다니엘'이 등장한다. 아동기를 살고 있는 두 아동의 보장받지 못한 권리가 있다면 무엇인가?

생각 더하기 +

아동의 말과 생각을 신뢰할 것인지, 아동의 견해를 어디까지 믿을 수 있는지 고심하기에 앞서 어떤 상황이든, 특히 공적으로 아동의 의견제시가 중요한 결정을 하는데 관련되는 경우, 우선적으로 아동이 자신의 의견과 생각을 편안하게 제시할 수 있는 환경과 분위기를 조성해줘야 한다.

다음으로 아동이 표현한 말과 생각에 대해 아동의 연령과 성숙도에 따라 적절히 비중을 두는 경청 능력이 필요하다. 아동의 말에 대해 제대로 된 비중을 두기 위해서는 아동의 연령과 이해력, 능력, 성숙도를 파악할 수 있는 전문성이 필요하다. 성인의 발언이나 견해 표현을 온전히 신뢰하지 못하는 경우가 있듯이 아동도 인간이기에 그들의 말을 다 신뢰할 수 없는 경우가 많이 발생할 수 있다.

글을 마치며

　지금부터 47년 전, 한국의 농촌 지역사회 개발 현장에서 만난 미국 훈련가들의 퍼실리테이션 기법은 평생 친구처럼 나를 따라다녔다. 이후 주민 중심, 아동 중심, 여성 중심이라는 단어들도 내 삶과 일에서 함께 했다. '민주주의 참여식 접근 방법'이라는 용어도 나에게 도전이 되었다. 그러한 언어들이 내가 일터에서 행하는 모든 활동에 좋은 영향을 주었다. 내가 긍정적으로 받아들인 또 다른 용어 가운데 하나가 '상향식', 즉 '아래로부터'(Bottom Up)의 접근법이었다. 1970년대 말 당시 한국 사회는 '하향식'(Top Down) 사회였다. 위에서 내려주는 지시와 명령에 따라 움직이는 사회였다. 그러나 해외개발 NGO가 이끄는 오지 농촌의 지역사회 개발 접근은 하향식이 아닌 상향식이었으며 민주주의 참여식 접근이었다. 주민들의 참여를 통해 그들의 목소리가 들려지고 존중되었으며 그들의 욕구를 기반으로 사업이 기획, 개발, 추진되었다. 당시 해외개발 NGO가 이끈 지역사회 개발 사업은 철저히 주민 중심으로 진행됐다. 주민이 온전히 참여함으로써 비차별에 기반을 둔 평등한 사회를 만드는 문화의 조성이 이뤄졌다. 그들이 한국 지역사회 개발 사업 현장에서 전개한 사업 접근법은 이미 오래전부터 활용되어온 것이었다. 17세기 퀘이커 교파를 창시한 조지 폭스(George Fox)는 "모든 사람의 내면에는 '신성한 빛'이 있다"면서 사람들의 목소리를 존중하고 경청하는 문화를 발전시켰는데, 이는 퍼실리테이션의 기본 철학을 실천한 것으로 볼 수 있다. 폭스는 종교 지도자로서 일종의 합의 의사결정을 실제로 펼친 것이다. 1980년대 후반 미국의 GE(General Electric)사가 진행한 워크아웃 타운 미팅 (Work-out Town Meeting)은 기업의 업무 및 조직 문화 혁신에 퍼실리테이션이 적용된 좋은 사례다. GE사의 워크아웃 타운 미팅은 기업 종사자들이 업무 형태나 지위 고하를 막론하고 자유롭게 공통 문제를 토론하여 해결방안을 마련하는 것이었다. 기업 대표가 의사결정을 내리기까지의 판단 과정을 전 참여자들과 함께 하는 방식이다. 오래전부터 사람들은 삶의 현장에서 해결이 어려운 여러 난제를 해결하기 위해 퍼실리테이션 기법을 활용했고 그러한 흔적들은 도처에 남아 있다.

　이 책은 아동인권교육 퍼실리테이션에 관한 책이다. 아동인권을 교육하는 일은 쉽지 않다. 내가 아동인권 인식 증진을 위해 아동인권교육을 시작할 때, 사람들은 "아동에게도 인권이 있는가?"라고 물었다. 사실 그건 "아동도 인간이냐?"는 질문이다. 짐 아이프(Jim Ife)는 그의 저서 '아래로부터의 인권'[51]에서 "아동은 가끔 완전한 인간성(full humanity)을 갖추었다고 인정받지 못하는 또 다른 범주다"라며 "만약 누군가가 '단지 아이'라면 완전한 인간이 되지 못한 것으로 간주된다"고 했다. 그의 말에 동감한다. 우리의 아동인권교육훈련은 유엔아동권리협약이라는 아동 권리의 준거가 되는 국제법을 기반으로 시행된다. 협약은 태어나면서부터 만 18세가 되지 않은 모든 사람을 아동이라 정의하면서 아동은 인간의 존엄성을 존중받아야 하는 존귀하고 소중한 인격체임을 천명한다. 아동은 보호의 대상이며 동시에 권리의 주체자임을 명시한다. 아동이 어떤 존재인지 알고 그들의 권리를 이해하며 적용할 수 있도록 교육·훈련하는 과정은 쉽지 않다. 그래서 우리는 아동인권교육훈련을 퍼실리테이션 교수법으로 쉽고 재미있으며 유익하게 진행한다.

　이 책은 누구에게나 어려운 일을 쉽고 재미있으며 유익하게 만들 수 있도록 마음과 생각, 행동을 바꿔 삶의 자세와 태도에 변화를 주기 위해 노력하는 과정을 담았다. 아동기 자녀를 둔 부모, 아동과 함께하는 각양 아동복지 시설이나 교육 시설 종

---

51. Ife, J. (2018). 아래로부터의 인권: 지역사회개발을 통한 권리 실현 (여지영 역) [원저, Human Rights from Below: Achieving Rights through Community Development, 2009]. 인간과 복지.

사자들에게 유익한 자료가 될 것으로 믿는다. 이 책은 아동인권교육훈련을 퍼실리테이션한 현장 경험을 담았다. 그러나 이 책은 단지 퍼실리테이션 경험을 나누는 것으로 끝나지 않는다. 현장에서 몸으로 배우고 익힌 퍼실리테이션 교수법을 관련 학자들의 이론과 연계되도록 연결 고리를 찾아 정리했다. 각 글마다 퍼실리테이션의 이론과 실제를 균형 있게 배우고 활용할 수 있는 장치를 마련했다. 특히 이 책은 국제아동인권센터의 아동인권 퍼실리테이터 자격증을 취득하는 데 유용한 참고 자료가 될 수 있다.

이 책이 출간되기까지 오랜 기간 함께 연구하며 이론과 실제가 겸비된 책이 되도록 애쓴 공동 저자 김상원 교수와 안은비 아동인권 퍼실리테이터에게 감사의 마음을 전한다. 국제아동인권센터 이양희 대표의 응원과 격려에 감사드린다. 국제아동인권센터 설립 초기부터 공동 퍼실리테이터 (Co-Facilitator)로 함께한 정병수 초대 국장과 현재 모든 아동인권 교육훈련 사업을 함께하고 있는 국제아동인권센터의 직원 모두에게 감사드린다. 마지막으로 이 책이 세상에 나올 수 있도록 출간을 맡아준 국민북스 이태형 대표께도 감사의 인사를 드린다.

2025년 봄, 김인숙

참고문헌

구현정. (2013). 소통 불통 먹통: 화법전문가 구현정 교수의 대화의 기술, 대화의 모든 것. 경진.

국가인권위원회. (n.d.). 유엔 인권교육훈련선언. https://www.humanrights.go.kr/site/program/board/basicboard/view?currentpage=16&menuid=001004002001&pagesize=10&boardtypeid=17&boardid=606051

김기석. (2024). 고백의 언어들. 복있는 사람.

김인숙, 정병수. (2019). 우리 아이들에게도 인권이 있다고요!. 국민북스.

김정화, 최영권. (2020.01.05.). "넌, 엘사·기생수"… 어른들의 차별 바이러스에 감염된 아이들. 서울신문. https://www.seoul.co.kr/news/society/2020/01/06/20200106010018

보건복지부. (n.d.). 유엔아동폭력보고서. https://www.mohw.go.kr/board.es?mid=a10411010300&bid=0019&act=view&list_no=336075

안혜리. (2020.04.16.). SNS 올린 '구미경찰서 재낄준비'…촉법살인 비극 시작이었다. 중앙일보. https://www.joongang.co.kr/article/23755486

장주. (2019). 장자: 낙천적 허무주의자의 길 (김갑수 역) [원저, 莊子, 기원전 4세기경]. 글항아리.

장선욱. (2022.07.18.). 광주평생교육진흥원, 아동인권교육강사 16명 위촉. https://www.kmib.co.kr/article/view.asp?arcid=0017287308&code=61121111&sid1=soc&sid2=0002

정이비. (2014). 마리아 몬테소리, 관찰의 즐거움: 스스로를 창조하는 아이들을 만나는 시간. 한울림.

하경민. (2023.04.04.). BIE실사단장 "부산, 잘 준비돼 있다…사우디와 비교 안 해". 뉴시스. https://www.newsis.com/view/?id=NISX20230406_0002256920

Bronfenbrenner, U. (2000). Ecological systems theory. American Psychological Association.

Descartes, R. (1997). 성찰 (이현복 역) [원저, Meditations on First Philosophy, 1641]. 문예출판사.

Dewey, J. (2004). 민주주의와 교육 (김성숙 외, 역) [원저, Democracy and education, 1916]. 동서문화사.

Flowers, N. (Ed.). (2009). Compasito: Manual on human rights education for children (2nd ed.). Council of Europe Publishing. https://rm.coe.int/16807023d0

Gibran, K. (2018). 예언자. (류시화 역) [원저, The Prophet, 1923]. 무소의 뿔.

Hart, R. (1997). Children's participation: The theory and practice of involving young citizens in community development and environmental care. UNICEF, New York.

Hattie, J., & Timperley, H. (2007). The power of feedback. Review of Educational Research, 77(1), 81-112.

Hebenstreit, S. (2005). 참교육자 마리아 몬테소리(이명아 역) [원저, Maria Montessori, eine moderne Heilige, 1999]. 문예출판사

Heckman, J. (n.d.). Invest in early childhood development: Reduce deficits, strengthen the economy. https://heckmanequation.org/resource/invest-in-early-childhood-development-reduce-deficits-strengthen-the-economy/

IBLP. (2018). 분노를 정복하는 법 (김두화 역) [원저, The Way to conquer

anger, 2008]. 아이비엘피코리아.

Ife, J. (2018). 아래로부터의 인권 지역사회개발을 통한 권리 실현 (여지영 역) [원저, Human Rights from Below: Achieving Rights through Community Development, 2009]. 인간과 복지.

Keller, T. (2013). 일과 영성: 인간의 일과 하나님의 역사 사이의 줄 잇기 (최종훈 역) [원저, Every Good Endeavor: Connecting Your Work to God's Work, 2012]. 두란노서원.

Leem, H. (2008). 아이들아, 평화를 믿어라: 엄마의 전쟁 일기 33일. 아시아네트워크.

Lifton, B. J. (2020). 아이들의 왕 야누시 코르차크 (홍한결 역) [원저, The King of Children: The Life and Death of Janusz Korczak, 1988]. 양철북

Merriam-Webster. (n.d.). Facilitate. In Merriam-Webster.com dictionary. https://www.merriam-webster.com/dictionary/facilitate

Kaner, S. (2014). Facilitator's guide to participatory decision-making. John Wiley & Sons.

Pike, B. (2004). 밥 파이크의 창의적 교수법 (김경섭 외., 역) [원저, Creative Training Techniques Handbook, 2003]. 김영사.

가르친 적 없다고 하시겠지만

초판 1쇄 _ 2025년 4월 15일

지 은 이 _ 김인숙, 김상원, 안은비
펴 낸 이 _ 이태형
펴 낸 곳 _ 국민북스
편   집 _ 김태현
디 자 인 _ 서재형

등록번호 _ 제406-2015-000064호
등록일자 _ 2015년 4월 30일

주   소 _ 경기도 파주시 탄현면 헤이리마을길 93-75, 헤이리더스템 A동 211호
전   화 _ 031-943-0701
팩   스 _ 031-942-0701
이 메 일 _ kirok21@naver.com
ISBN 979-11-88125-56-2   03330